Lisa und Wilfried Bahnmüller

RADEL DICH GLÜCKLICH Chiemgau

26 erholsame Radtouren

BRUCKMANN

INHALT

← Am Weg zur Ratzinger Höhe, Tour 3

TOURENÜBERBLICK

Tour											
1	●	Von Rosenheim zum Hofstätter See	3.00	35,0	250	●		●		●	●
2	●	Rund um Riedering	2.30	22,0	250	●	●		●	●	
3	●	Über die Ratzinger Höhe zum Simssee	3.30	33,0	500	●		●	●	●	●
4	●	Von Nußdorf nach Törwang	4.00	30,0	550	●		●		●	●
5	●	Von Frasdorf ins Sachranger Tal	3.30	34,0	350	●		●			
6	●	Über Urschalling und Frasdorf nach Bernau	2.40	28,0	350	●	●	●	●	●	●
7	●	Einmal um die Eggstätter Seenplatte	3.00	34,0	200	●	●			●	●
8	●	Von Grassau in die Kendlmühlfilzen	2.30	20,0	100	●	●	●			●
9	●	Ab Grassau nach Schleching	3.15	30,5	280	●		●		●	●
10	●	Vom Grabenstätter Schloss bis Bergen	2.15	25,0	250	●	●	●	●	●	●
11	●	Von Grabenstätt nach Traunstein	3.00	30,0	350	●		●	●		●
12	●	Um Seebruck herum	2.30	21,0	200	●	●	●	●	●	
13	●	Am Chiemsee-Nordufer entlang	3.00	29,0	120	●	●	●	●	●	
14	●	Rund um Seeon	2.15	20,0	150	●	●	●	●	●	●
15	●	Von Obing nach Norden	2.50	26,0	250	●		●	●	●	

Tour			Fahrzeit in Std.	Länge in km	Höhenunterschied in Hm	Einkehr	Kindergeeignet	Sehenswürdigkeiten	Viel Sonne	Bademöglichkeit	Öffentliche Verkehrsmittel
16	Leicht	Entlang der Alz nach Trostberg	2.00	20,5	120	●	●	●	●		●
17	Leicht	Von Siegsdorf nach Traunstein	1.50	17,0	150	●	●	●	●		●
18	Leicht	Rund um Ruhpolding	2.00	22,0	300	●		●	●	●	
19	Leicht	Einmal rund um Inzell	1.30	15,5	100	●	●	●			
20	Leicht	Um Teisendorf	1.50	17,0	100	●	●	●	●	●	●
21	Leicht	Rund um den Waginger See	2.00	22,0	100	●	●	●	●	●	●
22	Leicht	Die Tachinger-See-Runde	2.00	20,0	100	●	●	●	●	●	●
23	Schwer	Von Burghausen nach Tittmoning	4.00	42,0	400	●		●	●	●	●
24	Mittel	Ab Laufen über Schönram	3.15	37,0	300	●		●	●	●	●
25	Leicht	Von Freilassing ins Ainringer Moor	2.00	19,0	120	●	●	●	●		●
26	Leicht	Ab Freilassing nach Salzburg	3.00	34,0	80	●		●	●		●

● Leicht · ● Mittel · ● Schwer

Fahrzeit in Std. · Länge in km · Höhenunterschied in Hm

Einkehr · Kindergeeignet · Sehenswürdigkeiten

Viel Sonne · Bademöglichkeit · Öffentliche Verkehrsmittel

RADEL DICH GLÜCKLICH – IM CHIEMGAU

Wer hat Lust auf einen Tag an der frischen Luft? In freier Natur? Wer möchte bei einer entspannten Radtour durch traumhafte Landschaften seine Nervenbahnen mit Glückshormonen fluten? Neues entdecken und dabei zu sich selbst kommen? Wir sind dabei!

Der Chiemgau und der Rupertiwinkel gehören zu den schönsten Landschaften Deutschlands. Meistens denkt man beim Chiemgau an den Chiemsee mit der Herreninsel. Allerdings hat der Chiemsee, auch Bayerisches Meer genannt, noch unzählige Geschwister. Größere und kleinere Seen und Weiher, die den besonderen Reiz der Region ausmachen. Diese Landschaft wurde vor allem durch die gewaltigen Gletschermassen der letzten Eiszeit geformt. Dabei entstanden viele Toteisseen, die ganzen Kolonien an seltenen Tieren und Pflanzen ein Zuhause bieten. Dazu gehören die Eggstätter Seenplatte, der Tüttensee oder der Griessee.

Ein weiteres Eiszeitrelikt sind die vielen Moore und Filzen. Egal, ob die Kendlmühlfilzen bei Grassau, das Bergener Moos, die Schönramer Filzen, das Grabenstätter oder Ainringer Moos oder eines der vielen Feuchtbiotope, alle sind auf ihre Art einzigartig und immer eine Radtour wert.

Die Gebietsbezeichnung Rupertiwinkel bezieht sich übrigens auf den Heiligen Rupert, den ersten Bischof von Salzburg, der um 650 bis 718 lebte. Bis 1803 war das Land ein Teil des Erzstifts Salzburg. Erst 1810 fiel der Rupertiwinkel an das Königreich Bayern. Eine Grenze im Osten ist durch die Salzach und den Übergang nach Österreich definiert. Im Süden bildet Piding die Linie zum Berchtesgadener Land, während sich im Westen der Übergang in den Chiemgau im Landkreis Traunstein fließend vollzieht.

John F. Kennedy, der 35. Präsident der Vereinigten Staaten von Amerika, hat es einmal treffend beschrieben: »Nichts ist vergleichbar mit der einfachen Freude, Rad zu fahren.«

In diesem Sinne wünschen wir glückliche und unvergessliche Radtouren

Lisa und Wilfried Bahnmüller

Farbtupfer am Chiemsee

GUT VORBEREITET AUF TOUR

Alle in diesem Buch beschriebenen Radausflüge sind Rundtouren. Sie wurden nach rein subjektivem Ermessen in die Kategorien »leicht – mittel – schwer« unterteilt. Selbstverständlich empfindet das jeder Radfahrer anders. Aber der Leistungsbogen der 26 Touren ist eher einfach, was Länge, Höhenmeter und somit Kondition betrifft, sodass die Touren allesamt gut zu meistern sind. Viele nützliche und allgemeine Tipps rund ums Fahrradfahren stehen auf der Homepage des Allgemeinen Deutschen Fahrradclubs (www.adfc.de). Wir wollen nur die für uns wichtigsten Hinweise erklären.

FAHRZEITEN UND HÖHENANGABEN

Für die Tourensteckbriefe haben wir uns um genaue Recherche bemüht. Bei den Zeitangaben gehen wir von einer Durchschnittsgeschwindigkeit von ca. 10 km/h aus. Auf ebener Strecke geht es etwas schneller voran, bei Steigungen entsprechend langsamer. Bitte planen Sie genügend Zeit für Pausen, Einkehr- oder Besichtigungsstopps ein, diese wurden von uns nicht berücksichtigt! Außerdem sollten Sie unbedingt vorher die aktuellen Öffnungszeiten von Sehenswürdigkeiten oder Ruhetage von Gaststätten überprüfen! Viele der Touren eignen sich auch für Familien mit Kindern, die sicher Fahrrad fahren können.

↑ **Raiten bei Unterwössen über der Achen, Tour 9**

Glückskategorien

Die Radtouren in diesem Buch sind in vier Rubriken unterteilt und entsprechend farblich gekennzeichnet: »Tour für die Sinne«, »Tour der Stille«, »Tour für den Genuss« sowie »Tour mit Kultur« – je nachdem, welche ganz besonderen Glücksmomente im Vordergrund stehen. Viele der Radrunden erfüllen natürlich sogar mehrere Kriterien; in diesen Fällen wurde das aus Autorensicht wichtigste Merkmal verwendet.

Tour für die Sinne

Diese Strecken kann man intensiv mit allen Sinnen erleben. Dazu steigt man am besten vom Fahrrad und erlebt ein paar Momente des Innehaltens, um die Schönheit, Geräusche und Gerüche einer bunten Blumenwiese zu genießen, das Gefühl von taunassem Gras unter den Füßen zu spüren oder sich an einem Bach oder See zu erfrischen. Man kann zwitschernden Vögeln lauschen oder einfach nur auf einen der vielen Chiemgauer Seen blicken und das Glitzern des Wassers genießen. Das Rezept zum Glücklichsein ist einfach!

Tour der Stille

Einsame, unbekannte Wege abseits des Trubels, auf denen nur wenige Radfahrer unterwegs sind, stehen hier im Mittelpunkt. Wer hier fährt, kann viel Ruhe genießen – und das fast ganz allein.

Tour für den Genuss

Radfahren heißt auch genießen! Dazu verführen lauschige Biergärten, urige Wirtshäuser mit lokalen Spezialitäten, nette Dorfcafés mit hausgemachten Kuchen, gemütliche kleine Geheimtipps und regionale Produkte aus einladenden Hof- und Klosterläden. Aber auch Tipps für besonders schöne Picknickplätze sind ein Genussfaktor der Touren.

Tour mit Kultur

Auf Kunst und Kultur liegt das Hauptaugenmerk bei diesen Fahrradtouren. Manche kulturelle Highlights sind das Ziel, andere wiederum liegen am Wegesrand. Klöster, Kirchen, Museen und Städte locken zu einer genauen Besichtigung und schärfen das Bewusstsein für die Gegend und ihre Geschichte.

RAD- UND WANDERKARTEN

Zur Wegfindung reichen die Karten im Buch zusammen mit der Wegbeschreibung im Text aus. Wer aber die Touren verlängern oder abkürzen will, dem hilft zur Orientierung eine zusätzliche Rad- bzw. Wanderkarte. Wir haben sehr gute Erfahrungen mit den Kompass-Karten gemacht, die noch dazu den Vorteil bieten, dass sie fast überall erhältlich sind.

EINKEHR/VERPFLEGUNG

An Einkehrmöglichkeiten herrscht kein Mangel. Verhungern oder gar verdursten muss in Bayern niemand. Wir haben bei jeder Tour einen entsprechenden Tipp angegeben. Nicht immer gibt es durchgehend warme Küche, und manche Gaststätten öffnen erst gegen Abend. Deswegen nehmen wir grundsätzlich reichlich zu trinken mit und packen zumindest einen Apfel, Durchhaltekekse, Studentenfutter oder einen Müsliriegel ein. Manchmal schmecken auch das selbst mitgeführte Picknick oder die eigene Brotzeit am besten.

RADTYPEN

Wir sind die Strecken mit einem Touren- bzw. Trekkingrad gefahren. Ein robustes Citybike geht auch in Ordnung, ebenso ein Mountainbike. Dagegen ist ein Rennrad ungeeignet, da wir auch ab und an unebene Wege benutzen. Natürlich funktionieren die Touren bestens mit dem E-Bike. Sie sind allesamt eher kurz, sodass sie sich locker mit einem vollgeladenen Akku bewältigen lassen. Für den Notfall haben wir Aufladestationen angegeben, für die meisten muss man jedoch sein eigenes Ladegerät mitbringen. Unserer Erfahrung nach darf man seinen Akku fast in jedem Café oder Wirtshaus aufladen, wenn man dort einkehrt und vorher höflich fragt. Das Prinzip lautet: »Lademöglichkeit bei Verzehr.«

AUSRÜSTUNG

Die Bekleidung ist natürlich von der Jahreszeit und vom Wetter abhängig. Gute Dienste erweist eine ausreichend gepolsterte Radhose. Sie schützt den Allerwertesten, ist elastisch genug, um jede Bewegung mitzumachen und gleichzeitig eng anliegend, damit sich die Hosenbeine nicht in der Kette verheddern. Wer sich in einer solchen Hose unwohl fühlt, kann auch eine gepolsterte Fahrradunterhose tragen. Sehr bewährt hat sich Funk-

tionswäsche als Oberbekleidung. Sie trocknet leicht und ist atmungsaktiv. Wegen der schattigen Waldwege packen wir auch im Sommer einen Pulli ein, gegen den Wind schützen Windstopper-Jacken. Sie lassen den Fahrtwind nicht durch, trotzdem schwitzt man in ihnen nicht wie z. B. unter einer reinen Regenjacke. Letztere erfüllt natürlich ihren Zweck an regnerischen Tagen, von denen Sie hoffentlich keinen einzigen erwischen!
Selbstverständlich eignet sich der Chiemgau ideal, um im Sommer in einem der zahlreichen Seen und einigen Flüssen schwimmen zu gehen. Deswegen nehmen wir Badesachen mit, inklusive einer kleinen Decke oder einem Handtuch als Unterlage. Weniger wichtig, aber ganz praktisch, sind Kamera, Sonnencreme, Brille gegen die Fahrtwindfliegen, Landkarten und Bestimmungsbücher für Flora und Fauna.

SICHERHEIT

Auch beim Fahrradfahren gelten Regeln, die helfen, Unfälle zu vermeiden. Ein Fahrradhelm ist zwar nicht vorgeschrieben, sollte aber zur Pflichtausstattung gehören. Ebenso sollte man vor dem Start seine Ausrüstung und

↑ **Rosenheim, das Tor zum Chiemgau, Tour 1**

vor allem die Bremsen prüfen. Auch ein kleines Erste-Hilfe-Notfalltäschchen hat neben dem passenden Ersatzschlauch und der Luftpumpe (ohne Fahrradpumpe nutzt das beste Flickzeug nichts!) noch Platz im Rucksack oder in der Fahrradtasche.

Im Herbst wird es früh dunkel. Falls Sie ein Fahrrad ohne funktionierende Beleuchtung besitzen, tragen Sie zumindest einen Fahrradhelm mit eingebauten Leuchtdioden oder beenden Sie vor Anbruch der Dunkelheit die Runde. Einige Streckenabschnitte erfordern verstärkte Rücksichtnahme – gegenüber anderen Fahrradfahrern, Wanderern oder der Natur. Niemand, dem der Erhalt der Landschaft am Herzen liegt, radelt abseits der Wege und Pfade querfeldein. Zur Sicherheit der Räder packen wir Fahrradschlösser ein. Es wäre schade, nach Besichtigungen oder der Hütteneinkehr ein böses Erwachen zu erleben.

ANFAHRT

Einige Ausgangsorte zu den Touren lassen sich mit der Bahn erreichen. Das ist umweltverträglicher und erspart die Blechlawine am Abend. Nur die Ausgangsorte zu den Touren 2, 5,12,13,15,18,19 sind nicht ohne eigenen Pkw zu erreichen.

↑ **Bayerischer Löwe am Waginger See, Tour 21**

Ruhpolding in den
Chiemgauer
Alpen, Tour 18

CHIEMGAU

Im Tal der Tiroler Achen bei Schleching

Hinter der Rosenheimer Pfarrkirche St. Nikolaus liegt der ruhige Riedergarten.

STADT, LAND, FLUSS

Tour TOUR 1 mit Kultur

Von Rosenheim zum Hofstätter See

Anfangs radeln wir aus der Stadt Rosenheim in Richtung des flachen Innradwegs. Dann führt uns die Runde zu zwei herrlichen Badeseen am Rand des Chiemgaus. Die Tour ist nicht besonders lang, dafür bleibt noch Zeit für eine Erkundung Rosenheims.

Über die Mangfall zum Inn Zuerst müssen wir durch den Rosenheimer Innenstadtverkehr, um den Einstieg auf den Radweg zu finden. Dafür fahren wir auf der Straße vor dem Bahnhof, der Luitpoldstraße, in Richtung Osten. Sie geht in die Gießereistraße über, von der wir an der Kreuzung rechts in die Kufsteiner Straße einbiegen. Wir unterqueren die Gleise und erreichen geradeaus die Mangfall. Ab hier verläuft der Radweg entlang der Mangfall flussabwärts. Erneut radeln wir unter der Bahn hindurch und unterqueren am Eisstadion die erste Straße. An der nächsten Brücke biegen wir von der Mangfall nach rechts weg über die Brücke und folgen nun für 400 Meter der Straße über den Inn. Unmittelbar nach der Brücke beginnt links der Innradweg auf der Dammkrone.

Der Innradweg Jetzt ist vom Trubel der Stadt nichts mehr zu spüren. Rechts liegen die Höfe von Hofau, die früher oft bei Hochwasser überschwemmt waren. Seit der Inn in seinem Oberlauf durch viele Staustufen reguliert wurde, sind Naturkatastrophen zum Glück ausgeblieben. Von den vielen Innverbauungen und -begradigungen ist an dieser Stelle des Flusses aber wenig zu sehen. Weite Teile des Uferwegs gleichen einem Dschungel, zu dem sicherlich einige Biber beigetragen haben, wie unübersehbare Bissspuren beweisen. Ein echter Glücksmoment, durch die weite Innauenlandschaft zu radeln! Bald sind wir neben einem Altwasserarm unterwegs. Gut, wer jetzt im Sommer ein Insektenmittel dabeihat, denn hier fühlen sich vor allem Mücken wohl. An dessen Ende, nach insgesamt 10,5 Kilometern, halten wir uns rechts, die steile gepflasterte Auffahrt hinauf.

Atemlos aufs Hochufer Wer kein E-Bike besitzt, wird nun ganz schön aus der Puste geraten. Es ist sicherlich keine Schande, die 16-Prozent-Steigung zu schieben. Oben erwartet uns eine weite Aussicht. Wir passieren den ersten Hof Entfelden und an der Kreuzung von Zaißberg radeln wir rechts auf der Via Julia nach Zaisering. Im Ort folgen wir der Beschilderung »Nr.6« weiter mit herrlicher Aussicht auf die Berge in Richtung Süden, über Moosen nach Dobl. Dort angekommen halten wir uns links und radeln leicht bergauf geradeaus durch Haidbichl. Wir überqueren die Bundesstraße in den Feldweg und stoßen gleich darauf auf eine Nebenstraße. Auf ihr fahren wir links durch den schönen Mischwald und erreichen so die Badeplätze des idyllischen Hofstätter Sees. Das kleine Strandcafé lädt zur ersten Rast ein, die Liegewiese auf ein Sonnenbad und der See zu einer Badepause. Die können wir uns aber auch noch bis zum Rinser See aufheben.

Nächste Badeidylle Dafür geht es weiter auf der Teerstraße und an der T-Kreuzung rechts, leicht bergauf bis Aich (an der T-Kreuzung lässt sich die Radtour abkürzen. Dafür fährt man links und lässt den Rinser See aus). In Aich biegen wir links ab, der Beschilderung nach Nendlberg/Straßwend folgend. Die prächtigen Bauernhöfe in Nendlberg verdienen Beachtung, bevor wir über Straßwend hinunter zu einer weiteren T-Kreuzung radeln. Hier biegen wir links ein und sind schon am Nordende des Rinser Sees angelangt. Gleich nach dem Hof Rins (mit Bauernhof-Eis!) wenden wir uns erneut links (Schild »Wasserburger Radweg«) und pausieren dann am Badegelände zu einem erfrischenden Schwimmaufenthalt im dunklen Moorwasser zwischen Seerosen.

Richtung Haidbichl Für die Weiterfahrt bleiben wir auf der kleinen Straße, verlassen den See und radeln an einem Kieswerk vorbei. Dort schlägt die Straße ei-

← **Das Strandhaus am Hofstätter See hat nur bei schönem Wetter geöffnet.**

↑ **Am Salingarten in Rosenheim steht ein großes Wasserrad.**

nen Linksbogen um den einzeln stehenden Bauernhof Spöck herum. Danach halten wir uns rechts, vorbei an Seehub mit seinem Hofladen, und rollen links vorbei an Seeleiten, Farmach und Entberg. Dort mündet die Straße hinter einem kleinen Entenweiher in eine größere Autostraße. Links versetzt sehen wir unseren Hinweg. Wir bleiben nun aber rechts und biegen gleich am Wegkreuz links auf den schmalen Forstweg. Er führt in den Wald, und wir radeln am Nordufer des Hofstätter Sees entlang. Nach dem einsamen Haus Kalkgrube und einem weiteren, versteckt liegenden Badeplatz halten wir uns an der Weggabelung links, stets dem Hauptweg nach, und verlassen beim Bauernhof Vettl den Wald. Unter uns liegt das Burger Moos, und wieder werden wir mit einer herrlichen Aussicht belohnt. Wenige Meter vor der Bundesstraße biegen wir rechts in den Wiesenweg ein und queren dann die Bundesstraße vorsichtig in die Niederburger Straße. Leicht bergauf kommen wir nach Obernburg, wo wir uns links halten und Haidbichl, den Weiler, den wir von der Hinfahrt kennen, erreichen.

Zum gesunden Wasser Dort radeln wir zunächst an der Kreuzung nach rechts, auf dem bekannten Hinweg. Dann halten wir uns aber am Ortsende geradeaus und tauchen in den Wald ein. Leicht bergab rollend ver-

»Die höchste Form des Glücks
ist ein Leben mit einem gewissen Grad
an Verrücktheit.«

Erasmus von Rotterdam

lieren wir wieder an Höhe und fahren etwas oberhalb der Altwasserbecken nach Süden. So erreichen wir die Quelle St. Leonhard von Bad Leonhardspfunzen. Der Brunnen war den Menschen in der Umgebung schon lange als Heilquelle bekannt. Nach dem Zweiten Weltkrieg, als die durch Bombeneinschläge beschädigten Rosenheimer Trinkwasserleitungen nur braunes Wasser lieferten, zogen ganze Kolonnen mit provisorischen Behältern hierher, um das gute Wasser zu zapfen. Dann geriet die Quelle wieder in Vergessenheit, bis Mitte der 1990er-Jahre die Familie Abfalter die Wasserrechte und den Grund um die Quelle herum kaufte und eine moderne Abfüllanlage installierte. Heute wird das Wasser wegen seiner Reinheit hoch gelobt und natürlich teuer verkauft. Wir jedoch können kostenlos direkt an der kleinen Kapelle unsere Trinkflaschen mit dem begehrten Wasser auffüllen.

Wieder zum Inn Frisch gestärkt mit reinstem Quellwasser radeln wir an den Quellhäusern und dem Gasthaus Badwirt vorbei; dann geht es mit einem Rechtsknick abwärts und über ein kleines Stauwehr. So erreichen wir wieder den bekannten Innradweg. Nun ist es nicht mehr weit, bis wir über den Hinweg Rosenheim erreichen. Dort kehren wir entweder direkt zum Ausgangspunkt zurück oder schauen uns noch die Altstadt rund um das Mittertor und den Max-Josephs-Platz an. Dort im Zentrum stehen die ältesten und prächtigsten Häuser der Stadt. Ihre Grundmauern reichen zum Teil bis ins Mittelalter zurück. Auf dem Platz wurde früher Handel getrieben. Die in die Häuser eingebauten Gehsteige, die Lauben, nutzte man für hochwertige Güter, die vor Regen geschützt werden mussten. Mit seinem Nepomuk-Brunnen ist der Max-Josephs-Platz ein beliebter Treffpunkt in der Altstadt. In den vielen Straßencafés fühlt man sich wie auf einer

↑ **Am Innradweg**
↓ **Am Max-Josephs-Platz schlägt das Herz der Rosenheimer Altstadt.**
→ **Streuobstwiesen in der Hofau am Inn**

↑ **Bauernhof am Nendlberg**

italienischen Piazza und kann die bunte Szenerie genießen – am besten wählt man dafür das historische Kaffeehaus Bergmeister oder eines der angesagten Lokale wie das Kaffeehaus Aran oder den Dinzler. Zurück zum Bahnhof geht es zuerst in die Münchner Straße mit dem Gillitzerblock. Diesen riesigen Baukomplex hat der Münchner Bauspekulant Thomas Gillitzer im letzten Jahrzehnt des 19. Jahrhunderts im Stil der Gründerzeit und des Neo-Rokokos errichten lassen. Ein Stück weiter erreichen wir den Salingarten mit seinen Großplastiken. Sein Name erinnert an die ehemalige Saline, die etwa dort stand, wo heute das große Kultur- und Kongresszentrum zu finden ist. Dann biegen wir links in die Bahnhofstraße ein, die uns zum Ausgangspunkt zurückbringt.

Tipp

Rinser See und Hofstätter See sind die nächstgelegenen Badeseen von Rosenheim und dennoch selten überfüllt. Einst waren sie miteinander verbunden, auch der Siferlinger See gehörte dazu. Heute sind die Bereiche zwischen den Gewässern verlandet. Trotzdem gibt es jede Menge Feuchtwiesen und Moore.

AUF EINEN BLICK

Dauer: 3 Std. **Höhenmeter:** 250 Hm

Länge: 35 km **Schwierigkeit:** Mittel

Ausgangs-/Endpunkt: Rosenheim, Hauptbahnhof –
GPS: 47.850699, 12.120430

Anfahrt: Pkw: Auf der Salzburger Autobahn A 8 Ausfahrt Rosenheim, weiter nach Rosenheim-Zentrum, Beschilderung zum Bahnhof folgen, Parken gegen Gebühr am Bahnhof.
Bahn: Fast stündlich ab München

Tourencharakter: Rundtour zum Teil auf ungeteerten Rad- und Waldwegen, zum Teil auf wenig befahrenen Nebenstraßen. In Rosenheim selbst erhöhtes Verkehrsaufkommen. Der Innradweg kann nach Regen sandig und in schlechtem Zustand sein.

E-Bike-Ladestation: Rosenheim, Kundenzentrum Stadtwerke, Bayerstraße 5

Einkehr: In Rosenheim gibt es unzählige Gaststätten, Restaurants und Cafés. Am Hofstätter und Rinser See hat während der Badesaison ein Strandkiosk geöffnet.

Information: rosenheim.de

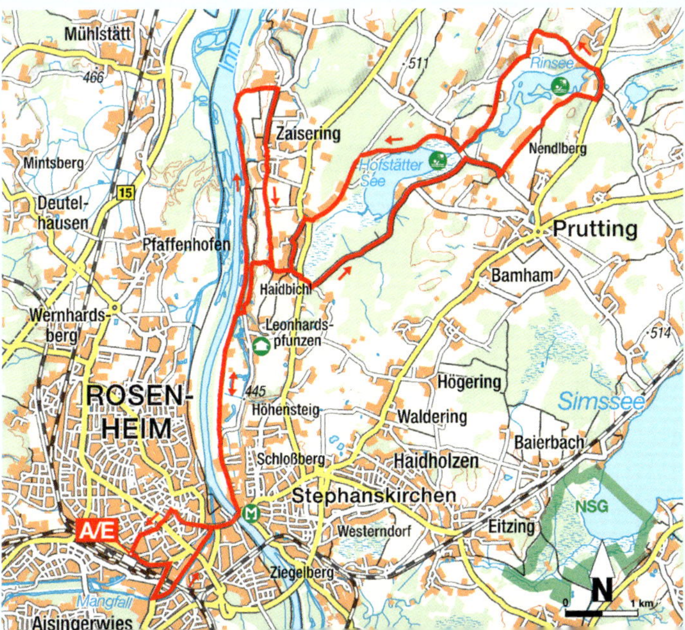

↑ Aussicht bei Söllhuben ↓ Alter Simsarm

SIMSSEE AM TOR IN DEN CHIEMGAU

Tour TOUR 2 der Stille

Rund um Riedering

Der Simssee samt seinen fünf Orten Bad Endorf, Stephanskirchen, Riedering, Prutting und Söchtenau liegt idyllisch östlich von Rosenheim. Ein größerer Moränenwall, die Ratzingerhöhe, trennt den Simssee vom Chiemsee. So gilt der Simssee als das Tor zum Chiemgau.

Über den Tinninger See An der großen Kreuzung in Riedering wenden wir uns in Richtung Niedermoosen. Wir verlassen Riedering und biegen am Wertstoffhof links ein. Über die Felder erreichen wir, uns einmal links haltend, Gögging. Dort wenden wir uns in der Ortsmitte erneut links und umradeln, leicht bergab, den Tinninger See. Vom Badeplatz am Ostufer radeln wir zur Straße hinauf. Auf dem Radweg folgen wir ihr links zum Fußballplatz.

Durchs Aubachtal Unmittelbar nach dem Sport- und Parkplatz biegen wir rechts ein und radeln am Aubach entlang durch ein idyllisches kleines Tal. Hier herrscht schlagartig Ruhe, nur der Aubach plätschert leise vor sich hin. Viel zu schnell lassen wir den schönen Streckenabschnitt hinter uns und stoßen an eine Teerstraße. Für wenige Meter geht es nun nach rechts zu einer größeren Straße, der wir nun, leicht keuchend, links bergauf folgen. Hinter den Häusern von Aichen passieren wir die Abzweigung zum Golfplatz von Patting und biegen dann die nächste Straße links ein. Der steile Anstieg hat sich gelohnt, denn jetzt ist die Aussicht wunderschön. Wir radeln an Hetzenbichl vorbei nach Kohlstatt. Im Ort geht es nun links nach Söllhuben.

Hinunter zum Simssee Nach der Pause geht es an den Simssee, und zum Glück stehen keine weiteren Steigungen mehr auf dem Programm. Wir biegen am Ortsende links in den kleineren Weg ein, der uns bergab führt. In Wolferkam geht es weiter über Abersdorf, wo wir uns links Richtung

↑ **Söllhuben mit seiner Kirche St. Rupert und Martin**

Beuerberg halten. Dort biegen wir links auf den Radweg, der nach Riedering beschildert ist. Jetzt radeln wir parallel zur Autostraße. Der Radweg führt im Zickzack durch Ecking. An der Vorfahrtsstraße im Ort geht es rechts, und wir treffen wieder auf die Autostraße, die wir geradeaus queren.

Die Sims und ihre Moorwiesen Der Radweg wendet sich nach links und führt über die Feuchtwiesen nach Süden. Bald halten wir uns rechts und folgen kurz darauf der Radwegbeschilderung »Riedering« nach links. Zuvor lohnt sich noch ein Abstecher zur Sims, dem größten Abfluss des Simssees. Ab hier geht es Richtung Süden weiter, und wir radeln entlang des Rotbachs nach Riedering zurück. An der Hauptstraße kurz nach links und wir sind zurück in der Ortsmitte.

Tipp

In Söllhuben lohnt sich die Einkehr im Gasthaus Hirzinger, es ist bekannt durch eine Volksmusiksendung des Bayerischen Fernsehens. Wer seine eigene Brotzeit dabeihat, fährt über die Kapellenstraße hinauf zum schönsten Aussichtspunkt der Gegend – der Kapelle mit ihrer mächtigen Linde.

AUF EINEN BLICK

Dauer: 2.30 Std. **Höhenmeter:** 250 Hm

Länge: 22 km **Schwierigkeit:** Mittel

Ausgangs-/Endpunkt: Riedering, Große Straßenkreuzung – **GPS:** 47.8385, 12.2076

Anfahrt: **Pkw:** Auf der Salzburger Autobahn A 8 Ausfahrt Rohrdorf, weiter zum Südende des Simssees nach Riedering. Parkmöglichkeiten hinter der Gemeindeverwaltung an der Schule. **Bahn/Bus:** Keine Möglichkeit

Tourencharakter: Schöne Rundtour auf z.T. ungeteerten Radwegen und Nebenstraßen. Anfangs viele Hügel und Steigungen, ab Söllhuben dann abwärts und ebene Strecken. Eine gute Strecke für ein E-Bike!

E-Bike-Ladestation: Riedering, Gemeindeverwaltung; Söllhuben, Gasthof Hirzinger; Badeplatz Simssee

Einkehr: Söllhuben: der große und traditionsreiche Gasthof Hirzinger, in Riedering das bayerische Gasthaus Alter Wirt oder italienische Speisen in der Osteria La Pignata

Information: simssee.org

Nach dem ersten Steilstück lohnt es sich, auf der Ratzinger Höhe die Aussicht zu genießen.

MARE E MONTE – DAS BESTE VON BEIDEN

Tour für die Sinne
TOUR 3

Über die Ratzinger Höhe zum Simssee

Wenn der Simssee ein Meer wäre und die Ratzinger Höhe ein echter Berg, würde diese Tour »Mare e Monte« heißen. Meer und Berge stimmen uns glücklich, auch wenn die Tour nicht ganz einfach ist. Dafür genießen wir sensationelle Ausblicke und feine Badestrände.

Durch das Thalkirchner Moor Wir starten in der Ortsmitte von Bad Endorf und biegen zwischen der großen St.-Jakobus-Kirche und dem Friedhof in die Friedhofsstraße ein. Dann folgen wir der Beschilderung des Radwegs »Nr. 20« unter der Bahn hindurch links ins Kurviertel. Wir umrunden die Chiemgau Thermen und folgen der Beschilderung Richtung Prien an der Polizeischule vorbei. Nach wenigen Metern nehmen wir noch vor der Weberei rechts den Feldweg. Jetzt geht es ein Stück durch den Bad Endorfer Kurpark mit seiner Orangerie und der Antonius-Kapelle. Bis zu den nächsten Häusern in Kurf halten wir uns geradeaus und erhaschen unterhalb des Thermalbads den ersten Blick auf den Simssee, der ein gutes Stück tiefer in der Ebene liegt. In Kurf geht es zunächst nach links, dann der Beschilderung »E3« folgend in Richtung Thalkirchen. Der Radweg führt im Zickzackkurs durchs weite Thalkirchner Moor. Die Ebene ist die verlandete Zone des Simssees. Wo sich früher Feuchtwiesen breiteten, wurde später der Boden für die Landwirtschaft urbar gemacht. Der Ackerboden war schon immer kostbar … So finden wir heute neben einigen Bächen auch viele Entwässerungsgräben. Der nächste Weiler ist Thalkirchen, wo wir gleich an der ersten Möglichkeit, beim großen Walnussbaum, rechts radeln. Wir queren die Thalkirchner Achen und wenden uns nach der Brücke nach links. Kurz darauf stoßen wir an eine größere Autostraße, der wir für ca. 300 Meter in linker Richtung folgen. Kurz hinter dem Gasthaus Lettenwirt verlassen wir sie nach rechts in eine kleinere Straße.

Das steilste Stück Jetzt geht uns fast die Luft aus, denn der Weg führt steil nach oben, er wählt förmlich die Direttissima den Berg hinauf. Die schöne Aussicht von der Ratzinger Höhe will eben erst mal erkämpft werden. Da hilft alles nichts, und für die nächsten 1,5 Kilometer werden viele Radfahrer wohl schieben. Glücklich ist, wer mit einem E-Bike unterwegs ist! Da kann man sich mit dem Turbomodus den Berg hinaufkatapultieren. Für alle, die schieben müssen, gibt es zum Glück einen informativen Obstbaum-Lehrpfad, sodass man sich von einer fast vergessenen Apfelsorte zur nächsten seltenen Zwetschgen- oder Birnenart bewegt. Ab und an hilft es dann auch, sich umzudrehen, denn mit jedem gewonnenen Höhenmeter öffnet sich der Blick über die Hirnsberger Marienkirche auf den Simssee und die vielen Hügel im Westen, die sich schier endlos aneinanderreihen. Im Weiler Gattern haben wir es dann geschafft.

Aussichtsplatz Ratzinger Höhe An der Weggabelung biegen wir links ein und folgen der Beschilderung auf dem »Ratzinger-Höhe-Rundweg«. Die Ratzinger Höhe zieht sich als langer Höhenrücken von Nord nach Süd ungefähr zwischen Prien und Rohrdorf dahin. Er trennt damit auch den Simssee vom Chiemsee. Jetzt, wo wir den Scheitelpunkt erreicht haben, öffnen sich auch die ersten Ausblicke auf das Bayerische Meer, den Chiemsee. In Dirnsberg biegen wir rechts nach Weingarten ab. Unser Weg senkt sich etwas, und die Aussicht erreicht kurz vor dem Gasthaus Weingarten ihre maximale Schönheit. Der Chiemsee mit seinen Inseln liegt uns zu Füßen, und das Panorama reicht bis zu den Berchtesgadener Bergen. Bei klarem Wetter sieht man sogar bis zu den Gipfeln des Salzkammerguts. Im ganzen Chiemgau gibt es kaum eine andere Stelle, die einen so weiten Blick ins Land erlaubt!

← **Viele Stufen führen auf den Aussichtsturm.**

↑ **Der Simssee eignet sich ideal für viele Wassersportarten.**

Zum Aussichtsturm Wir biegen rechts zum Gasthof Weingarten ein, und wenn wir uns nicht von einem Einkehrschwung ausbremsen lassen, rollen wir über den Parkplatz zur nächsten Straße. Damit haben wir möglichst wenig Höhe verloren, denn in die nächste Straße biegen wir rechts ein und müssen uns ein letztes Stück bergauf quälen. Kaum haben wir den Kamm erreicht, geht es jedoch schon wieder bergab. Kurz nach Ratzing lohnt sich links ein Abstecher zum Aussichtsturm. Dort können wir die Räder kurz abstellen und hinaufsteigen. Die Sicht reicht diesmal weit über die gesamte Kette der Chiemgauer Alpen. Es gibt eine Panoramatafel, um die einzelnen Gipfel identifizieren zu können. Die Straße oder der weiterführende holprige Feldweg bringen uns nach Hitzing. Von dort radeln wir gemütlich immer weiter abwärts an Haimling vorbei zu einer größeren Autostraße. Hier biegen wir für ca. 400 Meter rechts ein und queren die Thalkirchner Achen. Gleich danach wählen wir die erste Möglichkeit nach links mit der Beschilderung »Anisag«.

Herrlicher Simssee Wir bleiben auf der kleinen Straße, bis das Schloss Farnach in Sichtweite kommt. Kurz vor dem Weiler biegen wir an der großen Eiche rechts ab. In Wurmsdorf überqueren wir die Straße, bleiben

»Bei keiner anderen Erfindung
ist das Nützliche mit dem Angenehmen
so innig verbunden wie beim Fahrrad.«

Adam Opel

geradeaus und gelangen über Mühlham nach Abersdorf. Einmal längs durch den Ort heißt unser nächstes Ziel Beuerberg. Hier halten wir uns links und folgen dem Schild »Ecking/Simssee«. Auf einem Radweg radeln wir ein Stück parallel zur Autostraße, dann führt uns die Radstrecke durch Ecking. An der Vorfahrtsstraße im Ort geht es rechts, und wir treffen wieder auf die Autostraße, die wir geradeaus in den Radweg queren. Er wendet sich nach links, und nun bleiben wir stets auf dem mit der »Nr. 16« ausgeschilderten Simsseerundweg. Er wendet sich nach rechts, wir befinden uns nun im Naturschutzgebiet Südlicher Simssee mit seinen großen Moorflächen. So überqueren wir die nur etwa acht Kilometer lange Sims, die im Simssee ihren Lauf beginnt und bei Rosenheim in den Inn mündet. Nach dem Waldstück halten wir uns am Wegedreieck rechts und fahren dem Schild Richtung Baierbach nach. Wir passieren die große Villa Sonnenholz, halten uns links und kommen an den Gleisen rechts zum Ortsteil Weinberg. Der Name zeigt, dass man hier einstmals wirklich Wein angebaut hat. Im frühen Mittelalter gab es in unseren Breiten eine längere Wärmeperiode. Die Namen haben sich bis heute gehalten. Im Weiler Weinberg können wir mit einem Abstecher nach rechts im Gocklwirt einkehren. Das Gasthaus entstand 1955 aus einer Hühnerfarm, inzwischen hat es sich zu einem bekannten Ausflugsziel entwickelt. Doch die eigentliche Attraktion, neben der guten Küche, ist die ungewöhnlich reiche Sammlung an alten bäuerlichen Geräten rund um das Haus.

Über das Westufer Für die Weiterfahrt bleiben wir nun parallel zu den Gleisen auf dem Simsseeradweg. Wir passieren das Simssee-Strandbad und vier Kilometer später Krottenmühl, wo wir einen letzten Badestopp im Strandbad einlegen können. Immer noch entlang der Gleise

↑ Filialkirche St. Magdalena in Baierbach
↓ Plötzlich wechselt die Blickrichtung auf der Ratzinger Höhe zum Chiemsee.
→ Kiosk mit Biergarten am Badestrand in Baierlach

↑ **An der Thalkirchner Achen**

endet unsere Seestraße in einer Vorfahrtsstraße, in die wir rechts einbiegen. Nun haben wir das Nordende des Sees erreicht. Wir passieren ein paar Fischer- und Bauernhäuser und biegen 200 Meter nach dem letzten Haus in den kleinen Feldweg links ein. Über Wiesen und Felder geht es langsam aufwärts, Richtung Bergham. An der Weggabelung halten wir uns rechts und dann zwischen den Häusern nochmals rechts. So kommen wir am Rand eines Wiesenhügels zu den ersten Häusern von Kurf. An der Abzweigung biegen wir links ein und radeln, uns nun immer in Gleisnähe haltend, auf dem Simsseeweg nach Bad Endorf hinein. Alle Abzweigungen ignorierend, treffen wir wieder auf die Unterführung, die wir vom Hinweg kennen. Nun sind es nur noch wenige Meter zur Kirche St. Jakobus.

Tipp

Die Weltuhr beim Weinberger Gocklwirt ist mit ihren 14 Zifferblättern aus allen Zeitzonen ein Wunderwerk der Mechanik. Ende des 19. Jahrhunderts hat sie der Bauernsohn Josef Greß aus Trosendorf bei Waldmünchen gebaut. Die Weltkugel dreht sich einmal in 24 Stunden, die Schaltjahre sind bis zum Jahr 10 000 programmiert.

AUF EINEN BLICK

Dauer: 3.30 Std. **Höhenmeter:** 500 Hm

Länge: 33 km **Schwierigkeit:** Schwer

Ausgangs-/Endpunkt: Bad Endorf, Kirche – **GPS:** 47.90866, 12.29758

Anfahrt: Pkw: Auf der Salzburger Autobahn A 8 Ausfahrt Rosenheim, weiter auf der B 15 Richtung Rosenheim, dann der Beschilderung Bad Endorf folgen, Parken am Theaterparkplatz.
Bahn: Bad Endorf wird fast stündlich ab München erreicht.

Tourencharakter: Rundtour auf z.T. ungeteerten Radwegen und Nebenstraßen. Über ca. 1,5 Kilometer geht es sehr steil aufwärts.

E-Bike-Ladestation: Bad Endorf, Gocklwirt bei Baierbach und Vorplatz der Chiemgau Thermen, Ströbinger Str. 18

Einkehr: Unterwegs verschiedene Möglichkeiten, der Gocklwirt liegt direkt am Weg. Besonders schön sitzt man in Krottenmühl in den Simsseestuben unmittelbar am Wasser. In Bad Endorf hat man den besten Blick von der Cucina S an den Thermen.

Information: bad-endorf.de

↑ Der Duftbräu ist ein beliebtes Einkehrziel. ↓ Törwang unter der Hochries

AUF UND AB AM SAMERBERG

Tour für TOUR 4 die Sinne

Von Nußdorf nach Törwang

Fast ist es eine kleine Bergtour, die uns der Samerberg beschert, aber die Wege sind bequem zu fahren, und der Akku unseres E-Bikes nimmt den 460 Höhenmetern den Schrecken. Einblicke in Kunst und Geschichte des Samerbergs bereichern die Strecke.

Das Wasser strömt abwärts, wir fahren aufwärts Wir beginnen unsere Radtour in Nußdorf im Inntal an der Kirche St. Vitus und radeln auf der Dorfstraße zur Hauptstraße. Auf ihr wenden wir uns nach rechts zum Steinbach, den wir queren, um danach gleich rechts in den Mühltalweg einzubiegen. Nun geht es parallel zum Bach aufwärts. Wir kommen zum Weiler Mühltal und haben die ersten 80 Höhenmeter geschafft. Hier klappert noch das Mühlrad einer ehemaligen Getreidemühle, das wir uns natürlich ansehen möchten. Ein Stück weiter passieren wir ein Elektrizitätswerk, das vor mehr als 100 Jahren gebaut wurde. Damals begann das Zeitalter des Stroms am Samerberg. Weiter aufwärts geht es nach Holzmann, wo wir geradeaus direkt nach Grainbach radeln könnten. Wir wählen jedoch eine schönere Variante, die uns fantastische Aussichten beschert. Deswegen biegen wir rechts Richtung Duftbräu ab. Geht es zuerst noch recht gemütlich durch den schattigen Wald, beginnt ein Stückchen nach Sägmühle ein saftiger Aufstieg, der uns ganz schön ins Schwitzen bringt. Aber die Sicht, die mit jedem Meter aufwärts besser wird, entschädigt für die Anstrengung. Vor uns wächst der Heuberg mit seinen Nebengipfeln langsam aus den Wiesen der Daffnerwaldalmen heraus. An ihm vorbei schauen wir auf Nußdorf, unseren Ausgangspunkt, und über den Inn auf das Mangfallgebirge mit seinem Wahrzeichen, dem Wendelstein. Sein hoher Antennenmast setzt eine unverkennbare Landmarke. Ein paar Meter noch und wir haben den Duftbräu erreicht, ehedem die höchstgelegene

Brauerei Deutschlands. Das weithin bekannte Gasthaus winkt mit einer Brotzeit, einem Mittagessen oder auch mit einer Kaffeepause. Übrigens: Der Name kommt nicht daher, weil es hier so fein aus der Küche duftet, sondern von dem Tuffstein, der in der Nähe abgebaut wurde.

Ab jetzt geht es bergab Unser nächstes Ziel ist Grainbach und das liegt fast 200 Höhenmeter tiefer als der Duftbräu. Dafür radeln wir am Duftbräu weiter und dann stets leicht abwärts durch kleine Wälder und entlang der Wiesen bis Grainbach. Die vielen Wegweiser »Grainbach« oder »Törwang« sorgen an allen Abzweigungen dafür, dass wir nicht falsch fahren. Kurz vor dem Ort passieren wir noch die Talstation der Hochriesbahn, und dann sind wir schon in der Dorfmitte von Grainbach. Jetzt können wir einen Blick in die Kirche St. Ägidius und Nikolaus werfen. Sie besitzt ungewöhnlich starke Mauern, die noch aus der Zeit der Romanik stammen, und dazu eine feine Rokokoausstattung mit reichem Figurenschmuck.

Vorbei am Naturbad Fast eben rollen wir vom Grainbacher Kirchplatz auf der Samerstraße in Richtung Törwang, dem zentralen Ort des Gemeindeverbunds Samerberg. Nach einem Kilometer entdecken wir an der Schule den Abstecher nach links zu einem wunderschönen Naturschwimmbad, das überdies frei zugänglich ist. Gerade im Sommer eine echte Verlockung zur Abkühlung, die auch deshalb glücklich stimmt, weil dieses Schwimmbad ohne jede Beigabe von Chlor auskommt. Durch Pflanzenfilter wird es ständig auf natürlichem Weg gereinigt. Am Naturbad vorbei geht es weiter auf der Straße, die kurz danach die Hauptstraße schneidet, die sich quer über das Hochplateau der Gemeinde Samerberg zieht. Wir biegen links ein und fahren nach

← Der Samerberg ist von Landwirtschaft geprägt.

↑ **Steinkirchen im Herbst**

knapp 300 Metern schräg rechts in den Ort Törwang hinein. Der Dorfplatz mit seinen blumengeschmückten Häusern gehört zu den schönsten Ensembles in Oberbayern. Aber Törwang hat noch mehr zu bieten.

Panorama garantiert Gleich neben dem Hotel Post führt eine Straße rechts bergauf, die vielversprechend »Zur Aussicht« heißt. Wenn es auch nochmals kurz anstrengend wird, wollen wir die Gelegenheit nicht versäumen. Oben steht eine Kapelle neben einer mächtigen Eiche, die 1891 zum siebzigsten Geburtstag des Prinzregenten Luitpold gepflanzt wurde. Die eigentliche Sensation ist jedoch die Aussicht. Wir stehen auf einem steil nach Norden abfallenden Hang, von West bis Ost behindert nichts die Fernsicht. So schweift der Blick vom Wendelstein über die weiten Moore des verlandeten Rosenheimer Sees hin nach Rosenheim und dann, östlich des Inns, über die Moränenhügel und den Simssee auf den Chiemsee mit seinen Inseln. Drehen wir uns um, so liegt Samerberg mit seinen vielen Weilern vor uns. Nach Süden baut sich die Hochries auf, die wie ein schützender Wall die Region abgrenzt. Ein idealer Platz für eine Brotzeit, glücklich gestimmt machen wir uns danach auf den Rückweg.

»Nicht die Glücklichen sind dankbar.
Es sind die Dankbaren, die glücklich sind.«

Sir Francis Bacon

Zurück ins Inntal Nach der Rast fahren wir auf der Straße an der Kapelle weiter. In Obereck halten wir uns links. Jetzt geht es über die Felder direkt nach Steinkirchen mit seiner markanten Kirche. Wir passieren die Kirche und biegen an der T-Kreuzung rechts ab. Jetzt noch einmal die Bremsen prüfen, denn wir rauschen einen steilen Streckenabschnitt abwärts, deshalb bitte mit Umsicht fahren, obwohl die Straße in einem guten Zustand ist! Bis zum nächsten Dorf, Sachsenkam, verlieren wir gut 200 Höhenmeter. Jetzt folgen wir den Schildern in Richtung Neubeuern. Hinter Pinswang kommen wir in einem schmalen Wald zu einer Abzweigung nach links. Ohne einen Hinweis an der Gabelung zu entdecken, nutzen wir den Weg und stoßen nach etwa 300 Metern linker Hand auf den aufgelassenen Mühlsteinbruch Hinterhör. Wir stellen unsere Räder ab, um auf einem guten Fußweg direkt zum Steinbruch zu gelangen. In einer Felswand findet man die Stellen, an denen die Steine herausgebrochen wurden, Schautafeln erklären, wie hier von 1572 bis 1860 gearbeitet wurde. Nach der Besichtigung fahren wir nach Altenbeuern, treffen vor der Kirche auf die Straße Am Bürgl und biegen links in die Eichendorffstraße. Jetzt rechts zur Samerstraße und auf ihr nach links, bis wir in wenigen Minuten Neubeuern erreichen. Wir radeln durch den Torturm und stehen auf dem historischen und äußerst malerischen Marktplatz mit der Pfarrkirche Mariä Empfängnis. Über dem Platz und dem Ort wacht das Schloss Neubeuern, das bis in die zweite Hälfte des 12. Jahrhunderts zurückgeht. Seine Form stammt von dem Münchner Stararchitekten Gabriel von Seidl, es beherbergt heute ein Gymnasium mit angeschlossenem Internat. Glücklich, wer einen Platz im Café Klein & Fein ergattert – dann kann man das hübsche Ensemble des Orts noch länger auf sich wirken lassen.

← **Zum Abschluss geht es nach Neubeuern.**
→ **Romanischer Christus von Steinkirchen**

↑ **Törwang mit seinem Hausberg, der Hochries**

Den Inn aufwärts Vom Marktplatz fahren wir durch den Torturm zurück und weiter den Berg abwärts zur ersten Querstraße, der Sailerbachstraße, in die wir rechts einbiegen. Wir überqueren nach links den Sailerbach und radeln aus dem bebauten Gebiet heraus. An der Querstraße geht es kurz nach rechts zu den Häusern von Oberwöhr, wo wir etwas nach links versetzt den Breitnerbach überqueren. Auf der anderen Bachseite treffen wir auf den Mozart-Radweg und erreichen nun durch die Auwälder des Inns rasch den Neubeurer See, der sich ebenfalls für eine sommerliche Abfrischung anbietet. Baden mit Bergblick ist hier das Motto. Weiter in südlicher Richtung geht es zum Nußdorfer Innkraftwerk. Hier treffen wir wieder auf den Steinbach, dem wir nun nach links folgen. So kommen wir nach rund 30 Kilometern Strecke zurück nach Nußdorf.

Tipp

Die Kirchen am Samerberg beherbergen wahre Schätze. Es lohnt sich, einen Blick in ihre Innenräume zu werfen. Im Chorraum von Steinkirchen hängt eine ausdrucksstarke gotische Figur: ein segnender Christus. Nur ein Fragment, aber es zählt zu den bedeutendsten Kunstwerken der Gegend.

AUF EINEN BLICK

Dauer: 4 Std. **Höhenmeter:** 550 Hm

Länge: 30 km **Schwierigkeit:** Schwer

Ausgangs-/Endpunkt: Nußdorf, Kirche St. Vitus – **GPS:** 47.74037, 12.15762

Anfahrt: Pkw: Über die A 8 und die A 93 zur Ausfahrt Brannenburg, kostenfreier, großer Parkplatz in der Neubeurer Straße.
Bahn: Von München über Rosenheim nach Brannenburg, 8 km zusätzliche Strecke

Tourencharakter: Eine Tour größtenteils auf geteerten Radwegen und kleinen Nebenstraßen mit wenig Autoverkehr. Durch die tief liegenden Flusstäler kommen einige Höhenmeter zusammen. Schöne Bademöglichkeiten.

E-Bike-Ladestation: Neubeuern, Gästeinformation am Marktplatz und am Neubeurer See

Einkehr: Gasthof Duftbräu am Samerberg (Montag und Dienstag Ruhetag, duftbraeu.de), Hotel zur Post am Dorfplatz in Törwang, Gasthof Zum Stangenreiter am Marktplatz in Neubeuern

Information: samerberg.de

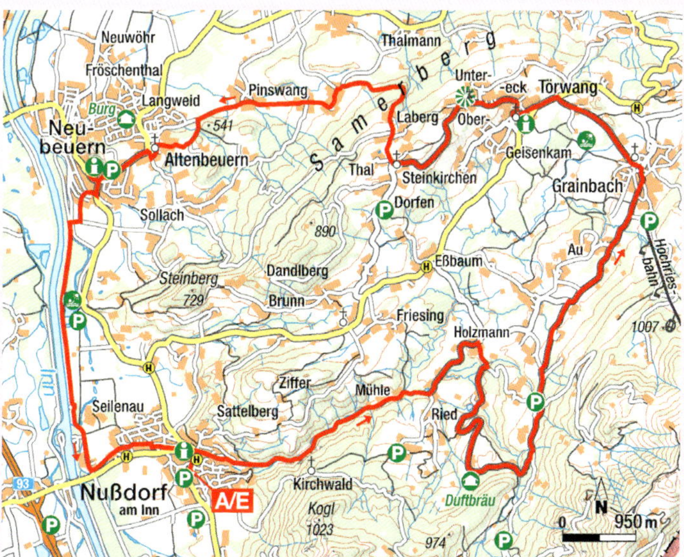

↑ Burg Hohenaschau ↓ Geranienpracht in Sachrang

AUF DEM PRIENTALRADWEG INS BERGTAL

Tour der Stille TOUR 5

Von Frasdorf ins Sachranger Tal

Am Fuße der Berge radeln wir über Aschau ins Sachranger Tal. Wir genießen das Chiemgauer Bergtal, das Flüsschen Prien und die saftig grünen Bergwiesen. Mit Blick auf Schloss Hohenaschau führt die mittelschwere Tour ins kleine Bergsteigerdorf Sachrang.

Nach Aschau Schräg gegenüber der spätgotischen Frasdorfer Kirche mit dem steilsten Spitzturm Oberbayerns führt die Sagbergstraße Richtung Süden. Wir folgen ihr zum Waldrand, durchqueren den schmalen Waldstreifen, halten uns bei der ersten Straßengabelung links und nehmen dann etwa 20 Meter weiter den rechten Weg. Er bringt uns zur Verbindungsstraße zwischen Frasdorf und Aschau, ein parallel dazu verlaufender Radweg leitet uns direkt nach Aschau. Unmittelbar vor der Prien biegen wir rechts ein und radeln zum Kirchplatz hinauf, wo wir das prächtige Hotel Winkler bewundern, aber auch die spätgotische Kirche »Zur Darstellung des Herrn« nicht vergessen dürfen. Sie hat ihren zweiten Barockturm erst zu Beginn des 20. Jahrhunderts erhalten. Der Industriemagnat Baron von Cramer-Klett, damals der Herr auf Hohenaschau, hat ihn gestiftet.

Taleinwärts Auf der Zellerhornstraße geht es den Kirchberg wieder hinunter, bald führt uns der Weg an die Prien und wir passieren die Burg Hohenaschau. Dann schalten wir ein paar Gänge zurück oder gönnen uns auf dem E-Bike mehr Unterstützung, denn wir halten uns links aufwärts in den Wald. Der Weg heißt »Kette«, weil er früher durch eine Eisenkette abgesperrt war. Er durfte nur von Fuhrwerken des nahen Hammerwerks befahren werden. An seiner höchsten Stelle steht die Kettenkapelle mit einer Pieta, an der die Fuhrleute ein Gebet sprachen, um unfallfrei wieder ins Tal zu kommen. Damals war der Weg nicht so gut gesichert wie heute!

»Berge sind stille Meister und
machen schweigsame Schüler.«

Johann Wolfgang von Goethe

Weiter folgen wir dem Prientalradweg und der Beschilderung nach Sachrang. Immer tiefer geht es in das Bergtal hinein, ein paarmal queren wir die Prien. Die Aussichten auf die Berge sind wunderschön – nicht verkehrt, sich damit ein wenig abzulenken: Die Strecke hat es ganz schön in sich und selbst Radlerinnen und Radler auf dem E-Bike geraten ins Schnaufen. Der Weg führt, auch wenn er eben aussieht, fast immer leicht aufwärts. Dafür wird dann der Rückweg umso leichter.

Das Filmdorf In Sachrang ist es dann Zeit für eine Brotzeit oder ein Mittagessen. Wer an einem Freitag oder am Wochenende unterwegs ist, sollte unbedingt das kleine, aber feine Heimatmuseum besuchen. Es ist vornehmlich einem einzigen Mann gewidmet. Dieser lebte von 1766 bis 1843 in Sachrang und wurde als Müllner-Peter vor allem durch den Roman von Carl Oskar Renner (1908–1997) bekannt. Peter hatte einige Jahre in München studiert, war aber später nach Sachrang in die elterliche Mühle zurückgekehrt. Neben seiner Tätigkeit als Müller arbeitete er vor allem als Musiker und Komponist, aber auch als Restaurator, und gelegentlich praktizierte er sogar als Dorfarzt. Indirekt verdankt ihm Sachrang seinen gut erhaltenen dörflichen Charakter ohne störende Neubauten. Als der Bayerische Rundfunk 1977 einen Film über den Müllner-Peter drehte, hatte man vorher alle unschönen Bauten beseitigt oder zumindest gut kaschiert. Bis heute ist Sachrang ein Filmdorf geblieben. Egal, ob die »Rosenheim Cops«, »Der Alte« oder »Der Bergdoktor«, das hübsche Dorf wie das nahe Aschau werden gern als Drehorte genutzt. Aber auch die barocke Dorfkirche St. Michael mit ihrem raffiniert gebauten dicken Zwiebelturm ist einen Besuch wert. An ihrem Entwurf und ihrer Ausstattung waren bedeutende Künstler aus der Schweizer

← Sachrang unter dem Spitzstein
→ Sterneküche in der Residenz Heinz Winkler

↑ **Alte Bauernhäuser liegen am Weg.**

Architektenfamilie Zuccalli, denen wir zum Beispiel die Gestaltung der Theatinerkirche in München verdanken, beteiligt.

Talauswärts Wenn wir uns genug umgeschaut haben, machen wir uns auf den Rückweg. Und der macht uns jetzt so richtig glücklich: Radfahren kann auch sehr einfach sein, denn für alle Schweißtropfen, die wir am Hinweg vergossen haben, werden wir nun belohnt! Fast ohne zu treten sausen wir, nun meist bequem, aber sacht bergab zurück. Zur Abwechslung können wir uns nun immer parallel zur Verbindungsstraße halten. So umfahren wir den Burgberg von Hohenaschau auf der anderen Seite und sind schnell in Aschau. Am Kreisverkehr geht es dann links über die Prien und auf dem bekannten Hinweg zurück nach Frasdorf.

Tipp

Das Schloss Hohenaschau wurde als Burg im 12. Jahrhundert von den Herren von Hirnsberg erbaut. 1875 kaufte es der Industriemagnat Theodor von Cramer-Klett. Heute gehört das Schloss dem Staat. Man kann es bei einer Führung zusammen mit dem Priental Museum besichtigen.

AUF EINEN BLICK

Dauer: 3.30 Std. **Höhenmeter:** 350 Hm

Länge: 34 km **Schwierigkeit:** Mittel

Ausgangs-/Endpunkt: Frasdorf, Pfarrkirche St. Margareta –
GPS: 47.8031, 12.28610

Anfahrt: **Pkw:** Auf der Salzburger Autobahn A 8 Ausfahrt Frasdorf, auf der Hauptstraße an der Kirche vorbei, nach ca. 250 m Parkplatz zwischen Hauptstraße und Simsseestraße.
Bahn: Keine Möglichkeit

Tourencharakter: Rundtour auf überwiegend ruhigen Nebenstraßen, Radwegen und Feldwegen. Der Hinweg ist deutlich anstrengender und führt bergauf, der Rückweg verläuft auf einem Radweg neben der Fahrstraße.

E-Bike-Ladestation: Sachrang, Gasthof zur Post

Einkehr: Mehrere Gaststätten unterwegs. In Sachrang sind das Hotel zur Post (sehr gute italienische Küche!) oder der Sachranger Hof zu empfehlen.

Information: frasdorf.de, aschau.de

↑ Sommer in Prien am Chiemseeufer ↓ Café Pauli bei Aschau

GOTISCHE FRESKEN UND CHIEMGAUER SACHERL

Tour
TOUR 6
mit Kultur

Über Urschalling und Frasdorf nach Bernau

Auf dieser Runde gibt es viele Anlässe zum Absteigen: Es lockt das Urschallinger Kirchlein, auch in Frasdorf und in Aschau kann man die Zeit vertrödeln. Dazu wunderschöne Ausblicke und empfehlenswerte Einkehrfreuden – das wird ein Glückstag!

Nach Urschalling Wir beginnen am Bahnhof in Prien und radeln vom Bahnhofsplatz in südlicher Richtung auf der Hochriesstraße. Kurz vor dem Supermarkt biegen wir rechts in die Kampenwandstraße ein und folgen ihr geradeaus in die Scheibenwandstraße, eine Sackgasse. So treffen wir auf die Staatsstraße, die wir vorsichtig queren. Anschließend halten wir uns auf dem parallel dazu verlaufenden Radweg links. Kurz nach dem Priener Ortsende folgen wir rechts der kleinen Nebenstraße hinauf nach Urschalling. Jetzt steht der anstrengendste Teil der ganzen Radtour bevor, aber zum Glück ist die Strecke überschaubar; so wäre es auch kein Problem, wenn man sein Fahrrad eine Weile schieben muss. Oben angekommen werden wir mit einer schönen Aussicht entschädigt. Vor uns liegt der Chiemsee ausgebreitet wie ein blaues Tuch, darauf tanzen im Sommer Segelboote, und auch die Inseln sind deutlich zu erkennen. In Urschalling planen wir ein wenig Zeit für den ersten Besichtigungsstopp ein, denn die kleine Kirche St. Jakob ist kunsthistorisch ein echtes Kleinod.

Urschallings Jakobskirche Das Kirchlein wurde 1160 bis 1200 erbaut und steht an der bayerischen Jakobswegstrecke. Der Innenraum ist mit gotischen Fresken bemalt. Glücklicherweise lagen diese einige Jahrhunderte unter einer darüber getünchten Farbschicht, wodurch sie in Vergessenheit gerieten. Erst 1923 entdeckte man sie durch Zufall wieder und konnte sie ziemlich unbeschadet freilegen. Eine der bedeutendsten, aber auch umstrittensten Darstellungen in der Kirche ist das Bild der Dreifaltigkeit im Gewölbezwickel. Sie zeigt Gott Vater, seinen Sohn Jesus Christus und den Hl. Geist. Dieser wird üblicherweise als Taube, als Licht oder als ältere Person abgebildet, doch hier weist er eindeutig feminine Züge auf. Forscher sind sich uneins, ob es sich hierbei um eine Frau handelt, was natürlich kirchengeschichtlich eine kleine Sensation wäre, oder vielleicht doch nur um einen jungen Mann mit weichen Gesichtszügen. Doch die Idee des weiblichen Hl. Geistes ist natürlich viel spannender und revolutionärer.

Hittenkirchener Panorama Ab Urschalling stoßen wir auf das Jakobswegzeichen, dem wir zur Weiterfahrt über die Felder folgen. Unmittelbar vor dem Bahnübergang wenden wir uns nach links und passieren die Häuser von Schmieding. Immer noch das Jakobswegzeichen im Blick, kommen wir durch den Wald nach Hittenkirchen. Für wenige Meter radeln wir auf der größeren Straße nach rechts, um gleich links der Radwegbeschilderung »Baum zu Baum« zu folgen. Bei der Dorfdurchfahrt treffen wir nun auf die ersten romantischen Kleinstbauernhöfe, die sogenannten Sacherl, von denen noch einige folgen werden. Hittenkirchen selbst hat eine wirklich herausragende und geradezu einmalige Lage im Chiemgau. Von der Kirche oder der kleinen Kriegergedächtniskapelle, zu der uns ein kurzer Abstecher nach Westen führt, genießt man einen einzigartigen Blick über den Chiemsee. Dort gibt es auch eine Rastbank, ein Glücksfall für ein gelungenes Picknick. Ansonsten folgen wir am Ortsende weiter der Baumradwegbeschilderung nach links und rollen hinab durch Kothöd und weiter nach Pfaffing.

Richtung Frasdorf Das herrliche Panorama mit dem See und den Chiemgauer Bergen bleibt uns dabei erhalten. Wir

← Die Urschallinger Fresken sind einmalig.

↑ **Der Spitzstein über dem Sachranger Tal**

queren die Autobahn, halten uns an der T-Kreuzung rechts und erreichen den Wald. Jetzt folgen wir nicht mehr den »Von Baum zu Baum«-Schildern, sondern bleiben geradeaus, fahren erneut unter der Autobahn hindurch und dann über die Gleise leicht aufwärts nach Umrathshausen. An der Kirche vorbei geht es links, dem Schild »Frasdorf« folgend. Unsere Straße mündet in eine größere, in die wir aber nur für wenige Meter links einbiegen und die wir dann an der nächsten Möglichkeit nach links und gleich wieder nach rechts verlassen. Das Schild weist nach Leitenberg. Im Süden sehen wir hinter dem Moor das Sachranger Tal mit seinem Wahrzeichen, der mächtigen Burg Hohenaschau. Rechts von uns liegt einsam inmitten der Felder das barockisierte Kirchlein St. Florian aus dem frühen 15. Jahrhundert mit seinem berühmten gotischen Flügelaltar (wer möchte, kann von Frasdorf einen Abstecher dorthin unternehmen). Hier in Leitenberg treffen wir wieder auf das Jakobswegzeichen, dem wir nun erneut folgen. So verlassen wir den kleinen Ort auf einem Feldweg abwärts. An der Verzweigung der Feldwege bleiben wir rechts, verlieren nochmals an Höhe (Vorsicht: holperiger und steiler Abschnitt!) und treffen wieder auf eine Straße. Es geht nach links, hier ist der Weg für Fußgänger und Radler freigegeben. Wir queren das Flüsschen Prien, passieren kurz danach die Auto-

»Das Glück ist eine in die Gunst
des Augenblicks gefasste Ewigkeit.«

Martin Kessel

bahnauffahrt und sind anschließend schon in Frasdorf angelangt. In der Ortsmitte können wir einen Blick in die hübsche Kirche werfen oder, sofern gerade zufällig der letzte Sonntag im Monat ist, zwischen 16 und 18 Uhr das Höhlen- und Dorfmuseum besuchen (frasdorfmuseen.de).

Aschau, das Tor zum Sachranger Tal Zur Weiterfahrt radeln wir an der Kirche links vorbei in die Wendelsteinstraße und biegen nach dem Museum erneut links in die Linsemannstraße. Schon finden wir den ersten Hinweis auf den Königsee-Bodensee-Radweg, dessen Beschilderung wir bis Bernau treu bleiben. So erreichen wir auf einem Radweg parallel zur Staatsstraße den Ort Aschau am Eingang ins Sachranger Tal (siehe Tour 5). In der Ortsmitte überqueren wir die Prien, biegen gleich danach links ein und radeln an der Kinderklinik vorbei. Wer gern in einen Gasthof einkehren möchte, dem empfehlen wir, von hier einen Abstecher zum gut ausgeschilderten Café Pauli zu unternehmen. Die Lage ist wunderschön, direkt hinter dem sonnigen Biergarten erhebt sich die gesamte Bergkette und obendrein gibt es eine immense Kuchenauswahl (mit selbst getestetem und als äußerst lecker empfundenem Apfel- und Zwetschgenstrudel). Um das Glück zu komplettieren, liegt nur 150 Meter weiter ein angenehm temperiertes Moorschwimmbad, in das wir im Sommer zur Abkühlung springen können. Dazu gibt es einen netten Naturlehrpfad.

Über Bernau Zur Fahrt nach Bernau bleiben wir auf der Hauptstraße. Am Ortsende beginnt ein Radweg, der am Fuß der letzten hügeligen Ausläufer der Kampenwand entlangführt. So erreichen wir schnell Bernau. An der großen Kreuzung im Ort mit der Ampel biegen wir links in die Priener Straße ein, bald beginnt wie-

↑ **Aussichtsplatz bei Hittenkirchen**
↓ **Am Schluss lockt noch das Bayerische Meer, der Chiemsee.**
→ **Wohlverdiente Kalorienzufuhr**

↑ **Die Wallfahrtskirche St. Florian bei Frasdorf lohnt den Abstecher.**

der ein Radweg (auf der linken Straßenseite), und wir unterqueren darauf ein weiteres Mal die Autobahn. Dann schlagen wir in Höhe des Autohauses Saur rechts über die Straße den Feldweg ein, der uns schnurgerade Richtung Chiemsee leitet. Wir kreuzen die Bahn und biegen unmittelbar dahinter links ein. Jetzt folgen wir den Gleisen über alle Abzweigungen hinweg und erreichen die ersten Häuser von Prien in der Ludwig-Thoma-Straße. Weiter in Fahrtrichtung wird sie zur Ernsdorfer Straße, von der wir gleich links in die Spitzsteinstraße radeln. Ein letztes Mal die Bahn querend, halten wir uns rechts und sind nun wieder in der Hochriesstraße, die wir vom Anfang der Tour kennen. Von hier sind wir dann gleich am Ausgangspunkt zurück. Sicher ist noch Zeit für einen Schwenk ans Chiemseeufer.

Tipp

Der Begriff Sacherl umschreibt »a Sach« – ein Ding, aber auch Besitz bzw. Vermögen. Das Sacherl ist somit nichts anderes als eine nette Umschreibung eines kleinen Anwesens. Meist waren es Handwerker, die in solchen Häusern wohnten und nur eine Nebenerwerbslandwirtschaft betrieben.

AUF EINEN BLICK

Dauer: 2.40 Std. **Höhenmeter:** 350 Hm

Länge: 28 km **Schwierigkeit:** Mittel

Ausgangs-/Endpunkt: Prien, Bahnhof – **GPS:** 47.8542, 12.3467

Anfahrt: **Pkw:** Von München auf der A 8 Richtung Salzburg, Ausfahrt Prien/Bernau. In Prien sind die Parkplätze und der Bahnhof ausgeschildert. **Bahn:** Von München über Rosenheim nach Prien

Tourencharakter: Kurze Rundtour mit nur einer anstrengenderen Steigung zu Beginn. Vorwiegend auf geteerten Radwegen, wenige Kilometer führen über Feldwege.

E-Bike-Ladestation: Frasdorf, Bäckerei Weber, Schulstr. 2 oder Radverleih Aschau, Innerkoy 5, Aschau im Chiemgau

Einkehr: Einige Wirtshäuser, Biergärten und Cafés liegen an der Strecke. Mit einem kleinen Abstecher zu erreichen ist das Café Pauli bei Aschau, von November bis März geschlossen.

Information: prien.de

↑ Am Langbürgner See ↓ Räucherfischbuden bei Prien

INS WEITLÄUFIGE NATURSCHUTZGEBIET

Tour für
TOUR 7
die Sinne

Einmal um die Eggstätter Seenplatte

Eine Radtour weitab vom Mainstream der klassischen Chiemsee-Radrouten. Mitten hinein ins idyllische Naturschutzgebiet der Eggstätter-Hemhofer Seenplatte, die mit ihren mystischen Toteisseen zwischen Hoch- und Niedermooren und dichten Wäldern liegt.

Chiemseeufer-Radweg Wir starten auf der Seestraße am Hotel Luitpold unweit des Chiemsees und der Anlegestellen der Chiemseeschifffahrt im Priener Ortsteil Stock. Dort halten wir uns rechts auf der Seestraße und müssen vielleicht gleich die ersten Meter schieben, denn auf der Uferpromenade mit ihren vielen Cafés und Bars ist immer viel los. Spätestens ab dem Warmfreibad Prienavera schwingen wir uns dann in den Sattel und folgen der Beschilderung des Chiemseeufer-Radwegs. Mit bester Sicht auf das Schloss Herrenchiemsee geht es an einigen Verkaufsständen für Räucherfisch, die wir uns schon mal für den Rückweg vormerken, vorbei. Bald überqueren wir auf einer schmalen Brücke den Fluss Prien, der hier in den Chiemsee mündet. Danach passieren wir das Rimstinger Badegelände und radeln durch herrliche Feuchtwiesen entlang der Schafwaschener Bucht zum Gasthof Seehof, an dem wir auf eine geteerte Straße treffen.

Über Hemhof Jetzt verlassen wir den Chiemsee und folgen nach links der kleinen Straße für ca. 150 Meter. Dann geht es rechts auf einen Feldweg, der am Bahnwärterhäuschen vorbei parallel zu den Gleisen verläuft. Nun radeln wir immer stur geradeaus. Dabei überqueren wir eine Autostraße und müssen ab dort wieder mit Straßenverkehr rechnen, der sich zum Glück in Grenzen hält. Rechts von uns liegt im schattigen Wald der Langbürgner See, von dem jedoch nicht viel zu sehen ist. Kurz vor Hemhof überqueren wir erneut eine Straße und bleiben im Ort auf der Hauptstraße.

»Wenn man glücklich ist,
soll man nicht noch glücklicher sein wollen.«

Theodor Fontane

Sie bringt uns kurz darauf auch durch Stephanskirchen und dann auf einem Radweg zum Pelhamer See. Hier lockt der Steg samt Badebereich zu einer längeren Rast, auch die Terrasse am Hotel Seeblick mit dem angeschlossenen Restaurant erschwert das Vorwärtskommen erheblich.

Ins Libellenparadies Weiter geht es auf der Straße bis in den nächsten Weiler Gachensolden. Dort biegen wir rechts ab und folgen bis Unterulsham der Beschilderung Richtung Eggstätt. In Unterulsham verlassen wir den Radweg und wenden uns rechts in den kleinen Feldweg zwischen den Häusern. Mit herrlichem Blick über Wiesen und den Pelhamer See radeln wir nun in den Wald und damit mitten ins Naturschutzgebiet hinein. An der Weggabelung halten wir uns links und an der nächsten Kreuzung rechts. Nun geht es quer durch den Wald, über kleine Holzbrücken zwischen den vielen Seen der Eggstätter Seenplatte hindurch. Nur so können wir ins Naturschutzgebiet eintauchen. Es lohnt sich sehr, auch einmal vom Fahrrad abzusteigen, um die bunt schillernden Libellen zu beobachten. Die scheinen sich hier besonders wohlzufühlen, die Eggstätter Seenplatte ist für ihre Libellen-Vielfalt bekannt.

Über die Via Julia Wir bleiben immer geradeaus (nicht nach Stephanskirchen) und kommen so direkt auf die Römerstraße Via Julia. Wer einen Badestopp einlegen möchte, kann noch im Wald Richtung Norden abbiegen, um das Badegelände am Hartsee bei Eggstätt zu erreichen. Hier rentiert eine Einkehr im vor allem bei Familien beliebten Hartseestüberl. Ansonsten folgen wir der alten Römerstraße Via Julia weiter nach Osten und stoßen bei Straß auf eine Autostraße. Auf ihr fahren wir nach rechts, ein separater Radweg sorgt er-

← **Am Hartsee**
→ **»Wasser marsch!« am Chiemsee**

↑ Badefreuden am Langbürgner See

freulicherweise für Autofreiheit. Bald queren wir geradeaus den Kreisverkehr bei Natzing und treten leicht aufwärts kräftiger in die Pedale bis zum Radwegende. Dort queren wir die Autostraße und nehmen die kleine Straße Richtung Zell/Kitzing. In Oberkitzing bleiben wir geradeaus in die Kitzinger Straße (Schild »Naturweg«), bis wir auf die große Vorfahrtsstraße, die von Rimsting nach Breitbrunn verläuft, stoßen. Ein sicherer Radweg bringt uns etwa einen Kilometer rechts weiter. Dann biegen wir links in den Feldweg ein, der hinunter zum Uferweg an den Chiemsee führt. Wir passieren die Halbinsel Sassau und umrunden nun die Schafwaschener Bucht. An der Autostraße halten wir uns links auf dem Radweg und stoßen bald wieder auf den vertrauten Hinweg, dem wir nun in umgekehrter Richtung bis zurück zum Ausgangspunkt folgen.

Tipp

Die Eggstätter Seenplatte ist das größte Naturschutzgebiet im Chiemgau. Die 17 Seen sind nach der letzten Eiszeit entstanden. Das Ökosystem der Toteisseen ist sehr empfindlich, deshalb darf man nur an den Badestellen am Langbürgner See, am Hartsee und am Pelhamer See ins Wasser.

AUF EINEN BLICK

Dauer: 3 Std. **Höhenmeter:** 200 Hm

Länge: 34 km **Schwierigkeit:** Leicht

Ausgangs-/Endpunkt: Prien/Stock, Seestraße/Hotel Luitpold am Chiemseeufer – **GPS:** 47.860663, 12.364362

Anfahrt: **Pkw:** Auf der A 8 Ausfahrt Prien, Weiterfahrt bis Prien, Parkplätze befinden sich rund um die Seestraße in der Nähe der Schiffsanlegestellen im Ortsteil Stock.
Bahn: Mit dem Zug nach Prien und auf der Seestraße Richtung Chiemsee radeln

Tourencharakter: Fast ebene Rundtour auf überwiegend ruhigen Nebenstraßen und Radwegen und z. T. ungeteerten Feld- und Forstwegen. Badesachen nicht vergessen!

E-Bike-Ladestation: Prien, vor Touristinfo; Rimsting, Strandkiosk

Einkehr: Auf halber Strecke liegt das Hartseestüberl, gegen Ende der Tour bei Prien laden viele Räucherfisch-Biergärten und Gasthäuser zur Pause ein.

Information: prien.de

↑ Museum Salz & Moor am Klaushäusl ↓ Einer der wenigen Radwege im Moor

DAS GRÖSSTE HOCHMOOR SÜDBAYERNS

Tour der Stille
TOUR 8

Von Grassau in die Kendlmühlfilzen

Ende Mai, wenn die kleinen Wattemützchen des Wollgrases im Wind tanzen, ist es besonders schön in den Kendlmühlfilzen. Das Moor wird durch die Tiroler Achen in zwei Teile getrennt. Unsere Tour führt durch den westlichen Teil auf den Westerbuchberg.

Durch das Moor Vom Parkplatz hinter dem Gasthaus Zur Post in Grassau fahren wir durch die Moosbachstraße nach Obermoosbach und von dort aus geradewegs über den Moorrundweg in die Kendlmühlfilzen. Ein Verbotsschild hindert uns dort daran, einfach geradeaus weiterzufahren. Das ist auch sinnvoll, denn die heutigen Wege waren einst Trassen der Feldbahn, die den Torf von den Abbaustellen zur Verladestation transportierte. Die Gleise liegen immer noch halb eingewachsen im Boden und könnten schlimme Stürze verursachen. Hier sollte man also das Rad kurz stehen lassen und gut fünf Minuten geradeaus zu einem Aussichtsturm weitergehen, der den weiten Blick übers Moor erlaubt. Auf der einen Seite des Wegs hat es sich bereits wieder regeneriert. Es ist ein kleiner See entstanden, der langsam zuwächst. Auf der anderen Seite lassen sich die Abbauspuren noch deutlich erkennen.

Zwischenstation Technikmuseum Wieder auf den Rädern biegen wir (von der ursprünglichen Fahrtrichtung aus gesehen) zunächst links ab und dann nach ca. 600 Metern nochmals links. Der Weg führt uns aus dem Moorgebiet hinaus und leitet dann rechts Richtung Rottau. Dort, wo er sehr nah an die Fahrstraße herankommt, laden die verschiedenen Stationen des Technikmuseums Brunnhaus/Klaushäusl zu einem Besuch ein. Das Klaushäusl ist die einzige noch bestehende Pumpstation der historischen Soleleitung zwischen dem Salzbergwerk in Berchtesgaden und der Saline

»O, schaurig ist's, übers Moor zu gehn,
wenn es wimmelt vom Heiderauche.«

Annette von Droste-Hülshoff

Rosenheim. Im Jahr 1809 erbaut, wurde die Pumptechnik weitgehend wiederhergestellt. Die Solehebemaschine von Georg Reichenbach, eine genialische Erfindung, bildet das Kernstück der Anlage. Zu dem Komplex gehört auch das Museum Salz & Moor.

Zum Torfbahnhof In Rottau fahren wir an der Kirche vorbei und biegen unmittelbar danach rechts in die Hackenstraße ein. Sie bringt uns entlang des Bächleins Rott zum Torfbahnhof. Der abgebaute Torf wurde mit Feldbahnen hierhergefahren und auf Eisenbahnwaggons umgeladen. Das Außengelände ist ganzjährig frei zugänglich, für die Besichtigung der hochinteressanten Innenräume muss man sich einer Führung anschließen, die auch eine Fahrt mit der Feldbahn einschließt. Dabei wird Grundsätzliches über Moore und ihre Flora und Fauna erklärt, aber auch über die Torfgewinnung vom Handtorfstich bis zu dem industrialisierten Torfabbau informiert (Termine: torfbahnhof-rottau.de).

Auf den Westerbuchberg Vom Torfbahnhof nehmen wir den Weg, der direkt durch das Museumsgelände führt. Er wendet sich von der Bahntrasse ab und passiert einen großen Feldstadel an einer Abzweigung nach links. Wir fahren noch etwa 500 Meter weiter und biegen dann links zum Wald hin ab. Vom Waldrand aus führt die Straße mit einem Links-rechts-Knick auf den Höhenrücken des Westerbuchbergs. An der Straße oben am Berg wenden wir uns nach rechts, fahren durch eine kleine Mulde mit einer Abzweigung und gelangen so direkt in das Dorf Westerbuchberg mit seiner mittelalterlichen Kirche St. Peter und Paul. In der späten Gotik wurde ihr 14-Nothelfer-Altar nur als Fresko an die Wand gemalt: einmalig! Genauso wie der Blick auf die

← **Zum Aussichtsturm und zu den offenen Wasserstellen geht es nur zu Fuß weiter.**
→ **Torfbahnlokomotive von 1956**

↑ **Grassau vor den Chiemgauer Bergen**

Kette der nahen Chiemgauer Berge. Hochfelln und Hochgern, die Hochplatte und die Kampenwand grüßen von Süden. Über dem Tal der Tiroler Achen glänzen die hellen Kalkwände des Kaisergebirges.

Zurück ins Achental Von der Kirche aus nehmen wir die Straße nach Osten, die unten im Tal auf die Verbindungsstraße zwischen Übersee und Grassau trifft. Wir wenden uns nach rechts und radeln durch Mietenkam. Gleich am Ortsanfang kann man rechts in die Straße Kendlmühle einbiegen. Danach bringt uns die Straße zurück ins Moor. Wir queren den Flutkanal und halten uns links. Schließlich radeln wir über den 18-Loch-Golfplatz »Das Achental« zum Ortsteil Grafing und von dort auf der Niederfeldstraße nach Grassau zurück.

Tipp

Die Kendlmühlfilzen ist nach der Eiszeit entstanden. Früher nutzen Bauern Torf als Brennmaterial. Als man begann, ihn industriell abzubauen, drohte die Zerstörung des Moors. Seit 1992 steht die gesamte Fläche unter Naturschutz. Die Renaturierung dauert: Torf »wächst« 1 mm pro Jahr!

AUF EINEN BLICK

Dauer: 2.30 Std. **Höhenmeter:** 100 Hm

Länge: 20 km **Schwierigkeit:** Leicht

Ausgangs-/Endpunkt: Grassau, Kirche – **GPS:** 47.7799, 12.4498

Anfahrt: Pkw: Von München auf der A 8 Richtung Salzburg, Ausfahrt Prien, weiter auf der B 305 nach Grassau. Parkplätze in der Ortsmitte hinter dem Gasthaus zur Post.
Bahn: Mit dem Zug nach Bernau oder Übersee am Chiemsee (in Kombination mit Tour 9)

Tourencharakter: Sehr schöne, abwechslungsreiche Runde mit nur wenigen Höhenmetern. Es lohnt, abzusteigen und ein Stück auf den ausgewiesenen Wegen ins Moor hineinzugehen. Auch der Besuch der historischen Anlagen im Brunnhaus/ Klaushäusl rentiert.

E-Bike-Ladestation: Unterwegs keine

Einkehr: Einige Gasthäuser und Cafés in Grassau. In Westerbuchberg bieten sich in der Nähe der Kirche das Hotel Alpenhof an oder das Café in der Bäckerei Müller in Mietenkam.

Information: grassau.de

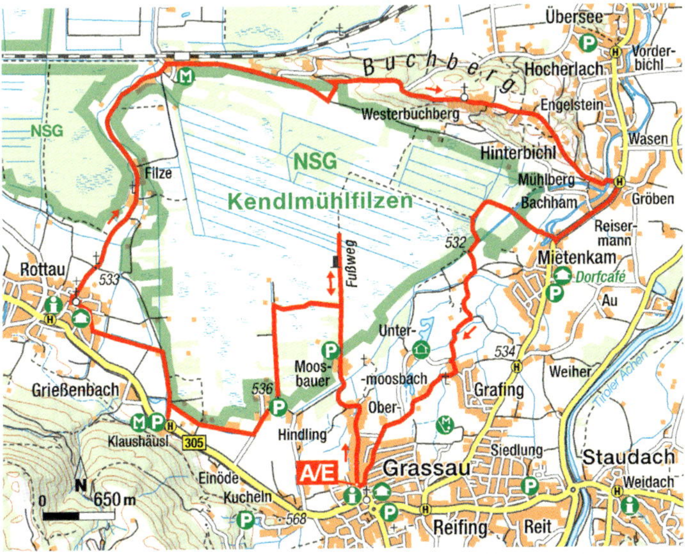

↑ Der Zellersee ↓ Am Achendamm bei Ettenhausen mit dem Geigelstein

MIT BERGBLICK DURCHS ACHENTAL

Tour für
TOUR 9
die Sinne

Ab Grassau nach Schleching

Grassau liegt südlich des Chiemsees an der Tiroler Achen. Von dort geht es ins Schlechinger Tal hinein. Immer die Berge im Blick ist diese Radtour besonders abwechslungsreich. Hervorzuheben sind die wunderbaren Rastplätze an der Tiroler Achen – viel Vergnügen!

Über Piesenhausen nach Raiten Wir starten an Grassaus Kirche Mariä Himmelfahrt auf der Dorfstraße nach Westen. Am Ortsende, nach der Tankstelle, folgen wir links der Ausschilderung »Piesenhausen/Marquartstein«. Der Radweg führt uns in südlicher Richtung mit herrlichem Bergblick über die Felder nach Piesenhausen. Nach links geht es durch den Ort, der mit vielen schönen alten Bauernhäusern aufwartet. Am Ortsende radeln wir rechts in den Hofweg, der zur Hofkapellenstraße wird. An ihrem Ende führt der Radweg in den Wald, und die erste Steigung steht bevor. Im Wald wendet sich der Weg nach rechts und in der Nähe der Hofkapelle wieder nach links. Dann führt er zu einer Straße, auf der wir uns ein Stück nach rechts halten und dann links in den Radweg biegen, der bereits nach Schleching beschildert ist. Der malerische Weg verläuft durch Wald und Wiesen und durchs Süssener Moos. So fühlt sich Radelglück an! Im Weiler Süssen stoßen wir erneut auf die Autostraße, die wir nun nach links nehmen. In die nächste Straße, die Emperbichlstraße, biegen wir rechts ein, der Radweg ist gleich links nach Raiten ausgeschildert, wo wir nach dem Raitner Wirt unterhalb der Wallfahrtskirche Maria zu den Sieben Linden auf einen Weg treffen. Diesem folgen wir nach rechts parallel zur Bundesstraße.

Zum Bergsteigerdorf Schleching Wir sind froh, als sich die Gelegenheit bietet, der Straße den Rücken zu kehren. Deshalb nehmen wir, kurz vor dem Abzweig zum Campingplatz Zellersee, rechts den Waldweg. Achtung:

»Wer ist glücklich?
Wer Gesundheit, Zufriedenheit und
Bildung in sich vereinigt.«

Thales von Milet

Nur Wanderschilder bezeichnen die Stelle! Jetzt geht es mit etwas Abstand am Zellersee vorbei und dann unterhalb der Zellerwand aufwärts zu einer Kreuzung am Waldrand. Mit bestem Blick über das Schlechinger Tal sausen wir abwärts und folgen an den nächsten Häusern in Mettenham rechts der Beschilderung über Mühlau nach Schleching. So erreichen wir das Bergsteigerdorf auf völlig verkehrsarmen Wegen. Im Gasthaus zur Post können wir uns stärken, bevor es weitergeht.

Fleißaufgabe Weil uns das Tal so gut gefällt, setzen wir die Tour noch ein Stückchen fort. In Schleching am Rathaus folgen wir dem Schild »Ettenhausen über Wirtschaftswege«. Zwischen Touristinfo und Musikpavillon geht es zur Schulstraße und schließlich auf dem Katzbachweg durch die Felder. Das Panorama lässt keine Wünsche offen, auch wenn der Weg noch einmal etwas ansteigt. Hinter dem einsamen Hof wendet sich der Radweg nach links und führt über den Alpbach nach Ettenhausen. Nun folgen wir der Beschilderung »Unterwössen über den Achendamm«. Dafür radeln wir durch Ettenhausen, biegen links in den Ulmenweg, und schon geht es abwärts und in einem großen Bogen über die Felder zur B 307. Diese unterqueren wir und erreichen den Achendamm.

Entlang der Tiroler Achen Am Wendepunkt laden Bänke zur Pause ein. Wieder im Sattel queren wir bald den Mühlbach, der sich hier mit der Tiroler Achen vereint. Auch die Kiesbänke eignen sich hervorragend für eine Rast. Dahinter wendet sich der Weg nach links, aber schon bei den ersten Häusern von Mühlau geht es wieder nach rechts auf einem wunderbaren Waldweg. Fast immer leicht abwärts fahren wir nun am Fuße des Buchbergs und der Metten-

↑ **Idyllisches Bergdorf Schleching**
↓ **Das Flussbett der Tiroler Achen**
→ **Radlspaß in Schleching**

↑ **An der Hofkapelle bei Piesenhausen**

heimer Filzen entlang. Kurz vor Raiten halten wir uns einmal rechts, und dann geht es über ein Feld zur nächsten Achenbrücke, an der wir die Uferseite wechseln. Geradeaus kämen wir nach Unterwössen, wir wenden uns aber gleich nach links entlang der Achen und folgen der Beschilderung nach Grassau. Schließlich biegt der Radweg nach rechts über einen Seitenbach und wir unterqueren die B 305. Dann radeln wir links auf der Alten Dorfstraße. Sie bringt uns vorbei an der Gränzmühle zur Brücke in Marquartstein, ohne sie zu überqueren. Für das letzte Stück gibt weiterhin der Fluss die Richtung vor. Auch die nächste Brücke ignorieren wir, obwohl hier das Radwegschild nach Grassau weist. Erst an der Brücke bei Staudach wechseln wir das Ufer und fahren durch das kleine Gewerbegebiet in die Ortsmitte von Grassau zurück.

Tipp

Schleching liegt an der Grenze nach Tirol. Es ist ein beliebter Ausgangspunkt für zahlreiche Wanderungen. Kein Wunder, dass der Ort die Auszeichnung »Bergsteigerdorf« erhalten hat. Man setzt sich für den Erhalt der Natur, aber auch für Traditionen und Brauchtum ein.

AUF EINEN BLICK

Dauer: 3.15 Std. **Höhenmeter:** 280 Hm

Länge: 30,5 km **Schwierigkeit:** Mittel

Ausgangs-/Endpunkt: Grassau, Kirche – **GPS:** 47.779385, 12.450870

Anfahrt: **Pkw:** Von München auf der A 8 Richtung Salzburg, Ausfahrt Prien, weiter auf der B 305 nach Grassau. Parkplätze in der Ortsmitte hinter dem Gasthaus zur Post.
Bahn: Mit dem Zug nach Bernau oder Übersee am Chiemsee und dort die Tour beginnen (Kombi mit Tour 9)

Tourencharakter: Sehr schöne, abwechslungsreiche Runde mit nur einigen Höhenmetern, dafür aber etwas länger

E-Bike-Ladestation: Schleching, Touristinfo; Unterwössen, Touristinfo

Einkehr: Einige Gasthäuser und Cafés auf der Strecke, z. B. in Grassau oder Schleching. Mit einem Abstecher ist das Gasthaus Zellerwand bei der Rückfahrt unweit von Mettenham erreichbar – unser Geheimtipp, gasthof-zellerwand.de.

Information: grassau.de

↑ Kurze Pause am Tüttensee ↓ Bernau liegt in einem breiten Talkessel.

ZWISCHEN MOOREN, VOGEL-SCHAU UND BERGBLICK

Tour TOUR 10 der Stille

Vom Grabenstätter Schloss bis Bergen

Immer wieder lassen sich im Chiemgau ganz neue Winkel entdecken, die so schön sind, dass man sicherlich auch ein zweites Mal dorthin fährt. So überraschen auf dieser Tour der Tüttensee und das Bergener Moos, beide grandiose und ganz unterschiedliche Naturjuwelen.

Zum Anfang einen Abstecher Wir starten am Schloss von Grabenstätt, radeln in südlicher Richtung und folgen dabei der Linkskurve aus dem Ort hinaus. Der Radweg verläuft neben der Straße, endet jedoch wenige Meter später an der Gabelung zum Tüttensee. Hier halten wir uns links und gönnen uns einen Abstecher zum See. Dort gibt es ein Strandbad und ein kleines Lokal. Anschließend kehren wir an diese Stelle zurück.

Geheimnisvoller Tüttensee Der Tüttensee gibt Forschern und Laien Rätsel auf. Vor etlichen Jahren fanden Heimatkundler und Geologen östlich des Chiemsees Stücke einer Verbindung von Eisen und Silizium, die auf der Erde nicht vorkommt. Ihnen fiel auf, dass die Funde zumeist in der Nähe von Erdvertiefungen gemacht worden waren. Der größte dieser Trichter ist der Tüttensee, der zwar nicht rund, aber von einem Wall umgeben ist. Daraus hat man geschlossen, dass die Krater durch einen zerbrochenen Meteoriten entstanden sein könnten, der einen Hagel von Gesteinsbrocken auf die Erde regnen ließ. Diese Hypothese wurde durch Untersuchungen des Wallmaterials gestützt, das aus zertrümmerten Steinen besteht. Der Einschlag fand vermutlich zwischen 500 und 235 v. Chr. statt – eine Sensation. Das Heimatmuseum in Grabenstätt beleuchtet dieses Thema.

Auf und Ab und im Zickzack Zurück an der Abzweigung folgen wir der Straße, die bald mit einer weiten Rechtskurve in den Weiler Einharting

»Ausgestreckt am Hügelabhang,
den Wald zu Häupten, den See zu Füßen,
so träumst du hier,
bis die wachsende Stille dich erschreckt.«

Theodor Fontane

führt. Um der Nebenstraße auszuweichen, biegen wir im Dörfchen links in den Weg zwischen den Bauernhäusern ein. Nach einer Pferdekoppel sind wir wieder auf einem Feldweg unterwegs. Nach einem kurzen Waldstück stoßen wir erneut auf die Nebenstraße, auf der wir links nach Holzhausen kommen. Hier fahren wir links in die Hauptstraße und radeln bergab. Vorsicht, nicht zu schnell werden! Nach wenigen Metern zweigt rechts die Kaltenbrunner Straße ab. Unter der Autobahn hindurch, fahren wir zunächst geradeaus in den Wald. Kurz hinter einigen Fischweihern unterqueren wir die Eisenbahn und halten uns unmittelbar nach der Unterführung links. An der nächsten Hauptstraße geht es erneut links, und schon sind wir auf einem Panoramaweg unterwegs. Stets neben der Bahn radelnd, erreichen wir Bernhaupten und biegen rechts in die Hauptstraße ein. Dann gleich erneut leicht rechts geht es auf dem ausgeschilderten Radweg nach Bergen. Flott sausen wir bergab ins Talbecken und stehen, alle Abzweigungen ignorierend, kurz darauf im Ort, der – wie könnte es anders sein – am Fuße der Berge liegt. Nun ist Zeit für eine Einkehr im Wirtshaus oder für die Besichtigung des Museums Maxhütte.

Rückfahrt durchs Bergener Moor Auf dem Rückweg fahren wir zunächst aus der Ortsmitte von Bergen ein Stück auf der bekannten Route und biegen dann links in den Schwimmbadweg. Nach dem Freibad halten wir uns in Höhe der Kläranlage links und queren den Schlagbach. Auf der anderen Seite geht es gleich wieder rechts, dann sind wir im wunderschönen Bergener Moos. Die Aussicht ist einmalig, und unser sanfter Streckenabschnitt, der sich am Verlauf des Bachs orientiert, könnte gern noch ewig so weitergehen. Obendrein gibt es einige Panoramabänke mit Blick auf den Hochfelln und die Kam-

← **Rapsfeld bei Grabenstätt**
→ **Achtsamer Umgang mit der Natur im Bergener Moor ist wichtig.**

↑ **Feuchtwiesen und Bäche im Bergener Moor**

penwand. An einer T-Kreuzung queren wir mit einem Rechts-links-Knick erneut den Schlagbach und bleiben nun auf der kleinen Straße.

Nach Grabenstätt Vorbei an Buch erreichen wir Schneereuth. Dort halten wir uns links und kommen Richtung Stadeln, biegen vor dem großen Haus rechts ab und gelangen zu den Schienen. Ihnen folgen wir nach links und überqueren die Bahnlinie an der Brücke nach rechts. Bei nächster Möglichkeit geht es links weg, und wir sind in Sicht- und Hörweite der Autobahn. Am Gewerbegebiet treffen wir auf die Staatsstraße und den Radweg, dem wir nach rechts durch einen Kreisverkehr und über die Autobahn hinweg folgen. Am nächsten Kreisverkehr halten wir uns rechts und radeln auf der Nebenstraße nach Grabenstätt zurück.

Tipp

Das Museum Maxhütte in Bergen war von 1562 bis 1881 eine Eisenhütte. Später zog eine Gießerei für Gusseisen in die Maxhütte ein. Deren Produkte sind über den ganzen Chiemgau verstreut: zu sehen an Balkonen, Brunnen, Weg- oder Gipfelkreuzen wie z. B. am Hochfelln, maxhuette-bergen.de.

AUF EINEN BLICK

Dauer: 2.15 Std. **Höhenmeter:** 250 Hm

Länge: 25 km **Schwierigkeit:** Mittel

Ausgangs-/Endpunkt: Grabenstätt, Rathaus/Schloss –
GPS: 48.001442, 12.407357

Anfahrt: **Pkw:** Von München auf der A 8 Richtung Salzburg, Ausfahrt Grabenstätt. Der Beschilderung nach Grabenstätt folgen. Parkplätze befinden sich in der Dorfmitte und rund um das Rathaus in der Schlossstraße.
Bahn: Mit dem Zug nach Bergen und die Tour dort beginnen lassen

Tourencharakter: Eine einfache Rundtour im leichten Auf und Ab mit einer stärkeren Steigung zu Beginn. Vorwiegend auf kleinen Nebenstraßen, aber auch auf Feld- und Wiesenwegen

E-Bike-Ladestation: Grabenstätt, vor der Touristinfo

Einkehr: Am Weg liegen einige Wirtshäuser und Biergärten. In Bergen verführt die Konditorei Café Alpina zur Kalorienaufnahme.

Information: grabenstaett.de

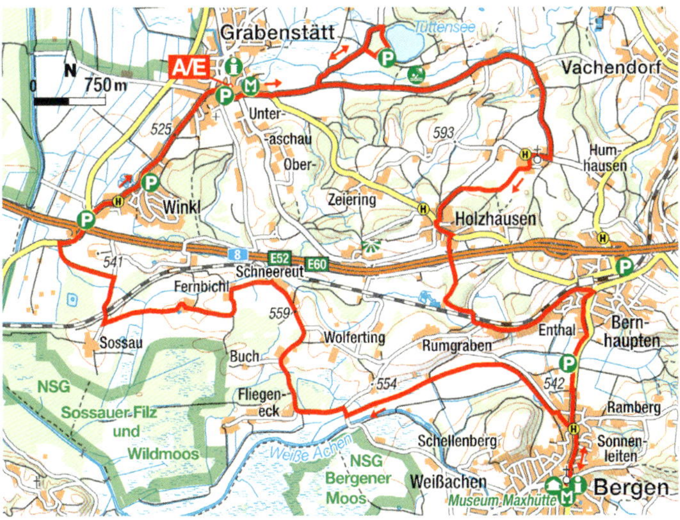

Kapellen, wie bei Einheim, spielen die Hauptrolle auf dieser Tour.

VON KAPELLE ZU KAPELLE

Tour
TOUR 11
mit Kultur

Von Grabenstätt nach Traunstein

Von einer Kapelle zur nächsten radeln wir durchs Chiemgauer Hügelland nach Traunstein, dessen Altstadt sich natürlich besichtigen lässt. Viele Kleinode wie alte Wegkreuze, hübsche Bauernhäuser und weite Aussichten machen diese Radtour zu einem besonderen Vergnügen.

Dorf- und Hofkapellen Vom Marktplatz in Grabenstätt fahren wir auf der Haupt- und der Chieminger Straße nach Norden. Wir überqueren am Ortsrand die Straße nach Traunstein und biegen ein Stück später rechts nach Hirschau ein. In der Dorfmitte steht die erste von mehreren Kapellen, die sich wie Perlen an einer Schnur reihen. Wir biegen rechts ab, fahren über die Felder und erreichen eine Verzweigung, die durch ein Wegkreuz und einen Baum markiert ist. Rechts geht es weiter nach Marwang. Wir überqueren die Umgehungsstraße und stoßen auf die Alte Dorfstraße, der wir in Fahrtrichtung folgen. Bei der Kreuzung in der Ortsmitte weist uns ein Schild rechts auf die Loretokapelle hin, die nur 100 Meter entfernt auf einer Wiese steht. Sie entpuppt sich als reizendes Kirchlein mit alten Votivtafeln. Zurück an der Dorfstraße fahren wir zur nächsten Kreuzung und dann links zur Umgehungsstraße. Ihr folgen wir rechts auf dem Radweg, verlassen sie aber nach gut einem Kilometer nach rechts, um die im neugotischen Stil erbaute Kapelle in Brodeich anzusehen. Auf einem Feldweg geht es wieder an die Autostraße, wir überqueren sie und radeln durch Tettenmoos bis zur Verzweigung bei einem Stadel. Uns rechts haltend, kommen wir nach Erlstätt, wo uns die Raiffeisenstraße zur Pfarrkirche St. Peter und Paul bringt. Vor der Kirche wenden wir uns nach links und folgen der Bergener Straße. Sie macht vor einem Bauernhof einen Links-rechts-Knick, und wir erreichen über die Felder bei einer Lourdeskapelle die Staatsstraße.

Traunstein-Besuch Dem Radweg folgen wir nach rechts, ein Anstieg steht nun an. Kurz nach dem Ortsrand von Traunstein winkt auf der linken Seite

»Es ist die Aufgabe eines jeden Menschen,
zu sich selbst zu kommen.«

Edith Stein

der Straße der Gasthof Angerbauer mit seinem schönen Wirtsgarten. Hierher kehren wir nach der Stadtbesichtigung zurück. Wer auf den Stadttrubel keine Lust hat, biegt schräg gegenüber in die Einhamer Straße ein und kürzt damit fünf Kilometer ab. Ins Zentrum fahren wir auf der Chiemseestraße weiter, bis sie sich bei den Bahngleisen verzweigt. Nach rechts überqueren wir die Schienen und biegen sofort links in die Äußere Rosenheimer Straße ein. Kurz drauf fahren wir links in den Bahnhofsplatz, wählen dann gleich die nächste Möglichkeit rechts. Die Crailsheimstraße wird zur Marienstraße und bringt uns zum Maxplatz. Von ihm geht es zum Stadtplatz, der von der gewaltigen Pfarrkirche St. Oswald dominiert wird. Hinter der Kirche öffnet sich der weite Platz und wird zum quirligen Zentrum, gesäumt von prächtigen Bürgerhäusern. Um zum Gasthof Angerbauer zu kommen, fahren wir entweder auf dem gleichen Weg zurück oder wir halten uns rechts über die Bahnhofstraße und die Herzog-Friedrich-Straße, um die Gleise auf der anderen Seite zu queren und durch die Güterhallenstraße zur Chiemseestraße und damit zum Gasthaus zu gelangen.

Route voller Attraktionen Kurz vor dem Gasthaus biegen wir an der Agentur für Arbeit links in die Einhamer Straße ab. Sie führt aus dem Ortsbereich heraus zu einer Kapelle. Hier folgen wir nicht dem Linksknick der Straße, sondern bleiben geradeaus auf dem Feldweg, radeln bis zum Waldrand und dort nach links zum Ort Einham. In der Dorfmitte geht es nach rechts abwärts über Neuling zur Straße Vachendorf–Erlstätt, die wir etwas nach links versetzt überqueren. Dann finden wir zwischen Wörglham und Hiensdorf die Wörglhamer Marienkapelle zwischen zwei Kastanienbäumen und einer alten Eiche. In Hiensdorf biegen wir links ab und fahren bergab zum Grabenstätter

← **Beste Aussichten über Erlstätt auf die Berge**
→ **Lüftlmalerei an der Traunsteiner Marienapotheke**

↑ **Glücklich stimmt das lebhafte Treiben in Traunstein**

Mühlbach mit seinem Gedenkkreuz neben der Brücke. An der T-Kreuzung biegen wir links ab und kommen an eine zweite T-Gabelung, an der wir rechts nach Einharting mit der Kirche St. Margaretha fahren. Sie hat einen prachtvollen Barockaltar, ihre Mauern gehen bis aufs 12. Jahrhundert zurück. In Geiselprechting, dem nächsten Ort, biegen wir rechts ab und gelangen über Eckering nach Zeiering, wo eine weitere Kapelle im Stil der Neugotik den Weg schmückt. Die Straße führt uns jetzt nach Grabenstätt zurück. Hinter dem Hofmarkschloss, dem heutigen Rathaus, erreichen wir den Marktplatz, unseren Ausgangspunkt.

Tipp

In Traunstein stand seit 1619 eine Saline, die eine Soleleitung von Bad Reichenhall versorgte. Das war die erste Pipeline der Welt; gleichzeitig wurden nicht nur die technischen Salinenanlagen gebaut, sondern auch Wohnhäuser für die Beschäftigten. Der Salinenpark informiert darüber.

AUF EINEN BLICK

Dauer: 3 Std. **Höhenmeter:** 350 Hm

Länge: 30 km **Schwierigkeit:** Mittel

Ausgangs-/Endpunkt: Grabenstätt, Marktplatz – **GPS:** 47.8435, 12.5421

Anfahrt: Pkw: Auf der Autobahn A 8 Ausfahrt Grabenstätt, freie Parkplätze um den Marktplatz.
Bahn: Von München über Rosenheim nach Traunstein und dort die Tour beginnen

Tourencharakter: Eine Radtour durch das hügelige Alpenvorland auf Radwegen, Nebenstraßen mit wenig Verkehr und Feldwegen. Abkürzung möglich. Badesachen nicht vergessen, am Rückweg lohnt der Tüttensee einen Abstecher.

E-Bike-Ladestation: Traunstein Marktplatz

Einkehr: Grabenstätt, Grabenstätter Hof am Marktplatz, Traunstein, zahlreiche Gaststätten im Ortszentrum, direkt am Weg der Gasthof Angerbauer Hof in der Traunsteiner Chiemseestraße

Information: grabenstaedt.de, chiemsee-alpenland.de

↑ Truchtlaching liegt an der Alz. ↓ Hofkapellen, wie in Burgham, liegen am Weg.

AUF DEN SPUREN UNSERER URAHNEN

Tour
TOUR 12
mit Kultur

Um Seebruck herum

Wir radeln durch lichte Wälder und kleine Moore, entlang von Bächen und schließlich am Ufer der Alz in weitem Bogen um Seebruck herum. Unterwegs erfahren wir, wie unsere Vorfahren, die Kelten und Römer, vor zwei Jahrtausenden gelebt haben.

Der Steinbock führt Der Weg – er heißt offiziell »Archäologischer Rundweg Bedaium« – beginnt am Römermuseum Bedaium gegenüber der Pfarrkirche von Seebruck. Die Rundtour kann man in zwei Richtungen fahren. Wir haben uns für die Fahrt im Uhrzeigersinn entschieden, weil sie auf der alten Römerstraße beginnt. Der Weg ist mit einem stilisierten Steinbock gekennzeichnet, das Original hat man bei Ausgrabungen als Legionszeichen in Seebruck gefunden. Gleich zu Beginn der Tour fallen uns massive Steinmauern auf, die zwar gut im Dorfplatz integriert sind, aber in ihrer Masse übertrieben scheinen. Es sind die Reste des römischen Kastells, die bei einer Ausgrabung freigelegt wurden. Wir radeln ein kurzes Stück die Römerstraße entlang, die tatsächlich immer noch dem Verlauf der einstigen römischen Fernstraße folgt. Schon nach wenigen Metern finden wir links eine überdachte Ausgrabung. Hier stehen die Reste einer Räucherkammer, in der zu Römerzeiten Fisch und wohl auch Fleisch geräuchert wurde. Ein Stück weit lässt sich erkennen, wie aufwendig römische Straßen gebaut waren. Dank dieser Konstruktion konnten auch Moore überwunden werden. Immer noch auf der Römerstraße überqueren wir die Landstraße und erreichen Burgham. Hier steht eine Hofkapelle aus dem Jahr 1840.

Zur Ischler Achen Der Weg führt jetzt durch den Wald und dann über Felder ans Ufer der Ischler Achen und weiter den Fluss entlang auf Ischl zu. Dort biegen wir nach Norden ab und fahren für einen Abstecher auf einem

»Beate enim vivendi cupiditate
incensi omnes sumus –
Wir sind alle beseelt von der Begierde,
glücklich zu leben.«

Cicero

Feldweg rechts leicht abwärts Richtung Alz. Am Ende des Wegs befindet sich ein Gräberfeld aus der Zeit um 700 n. Chr. Geschützt von Plexiglas liegen in einem Grab ein Skelett und die Grabbeigaben eines bajuwarischen Kriegers. Natürlich sind das nur Nachbildungen, die Originale finden sich in Seebruck im Museum. Zurück an der Straße folgen wir ihr in ursprünglicher Fahrtrichtung. Jetzt geht es bergauf, nach einem Waldstück überqueren wir die Straße Truchtlaching–Seeon und nehmen den Feldweg. So erreichen wir einen keltischen Grabhügel. Einer der Hügel ist geöffnet, das Prunkgefäß, das man hier gefunden hat, ist ebenfalls im Römermuseum zu bestaunen.

Ausflug zu den Kelten Wir folgen weiter der »Steinbock«-Beschilderung jetzt in Richtung Osten und treffen bei Apperting auf die Alz, die uns nach Süden zum malerischen Ort Truchtlaching begleitet. Das wunderschön naturbelassene Flussbad verlockt zu einer Abfrischung, der Neuwirt gegenüber mit dem herrlichen Biergarten und den feinen Fischgerichten aus heimischen Gewässern ist allerdings auch nicht zu verachten. Weiter geht es auf der Südseite der Alz. Wir radeln links in die Westenstraße, die gegenüber der Kirche beginnt, und verlassen das Dorf. Die Straße wird zum Feldweg, sie macht erst eine Rechts- und dann sofort eine Linkskurve. Knapp 200 Meter danach biegt bei zwei Stadeln links ein Weg ab. Geradeaus würde man mit einem Abstecher die Alz und einen Ringwall erreichen. Wir halten uns jedoch links und radeln leicht bergauf in den Wald. An der Abzweigung fahren wir links und stehen gleich darauf vor dem Tor der Keltenschanze, die wir besichtigen können.

Ein Bauernhof aus der Vorzeit Wir fahren vom Eingang der Schanze weiter und kommen bei einem Neubaugebiet

↑ **Ischl ist nur ein kleiner Weiler.**
↓ **Nachgebaute keltische Viereckschanze**
→ **Wir besuchen auch ein altes Keltengrab.**

↑ **In Seebruck neigt sich ein schöner Radltag dem Ende.**

an den Rand von Truchtlaching zurück. Durch die Hochöder Straße geht es weiter im Zickzackkurs über die Felder nach Stöffling. Hier hat man einen keltischen Bauernhof nachgebaut. Er vermittelt einen guten Eindruck, wie unsere Vorfahren vermutlich gelebt haben. Weiter geht es durch die Dorfmitte von Stöffling zur Alz, der wir zum Ortsteil Graben bei Seebruck folgen. Erneut können wir mit einem Abstecher nach links durch die Haushoferstraße ein römisches Gräberfeld besuchen. Für einen Badestopp lohnt sich die Fahrt nach links entlang des Chiemseeufers. Dort gibt es einen großen Strandabschnitt mit freiem Zugang zum Wasser. Danach radeln wir am Seeufer entlang über die Alzbrücke zur Ortsmitte zurück und erreichen wieder unseren Ausgangspunkt.

Tipp

Seebruck ist der nördlichste Ort am Chiemsee. In den Fokus der Geschichte rückte es als römischer Stützpunkt auf der Fernstraße Salzburg–Augsburg. Der Tourismus gab Seebruck im 20. Jahrhundert wesentliche Impulse, es gilt heute als wichtiges Zentrum für den Segelsport.

AUF EINEN BLICK

Dauer: 2.30 Std. **Höhenmeter:** 200 Hm

Länge: 21 km **Schwierigkeit:** Leicht

Ausgangs-/Endpunkt: Seebruck, Römermuseum Bedaium bei der Pfarrkirche – **GPS:** 47.9335, 12.4769

Anfahrt: Pkw: Auf der Salzburger Autobahn A 8 Ausfahrt Grabenstätt. Über Chieming zur St 2095, dort links nach Seebruck. Parkplätze vor der Alzbrücke. **Bahn/Bus:** Nicht möglich

Tourencharakter: Fast ebene Rundtour mit viel Schatten auf ruhigen Nebenstraßen bzw. Radwegen, zum Teil auch auf ungeteerten Feld- und Forstwegen; Bademöglichkeiten bestehen in Truchtlaching und im Chiemsee.

E-Bike-Ladestation: Seebruck, Weinlokal Taverna; Truchtlaching, ehemalige Brauereigaststätte Camba im Mühlweg 1a

Einkehr: Es gibt zwei Gaststätten in Truchtlaching, eine bayerische und eine italienische. Darüber hinaus mehrere Gaststätten, Cafés und Eisdielen in Seebruck.

Information: seeon-seebruck.de

↑ Die Alzschleife mit ihren Inseln aus Schilf ↓ Ruderboote am Chiemsee-Ufer

ROUTE INS GLÜCK

Tour für TOUR 13 den Genuss

Am Chiemsee-Nordufer entlang

Wir drehen eine Runde am nördlichen Chiemseeufer zwischen Gstadt und Seebruck und entdecken dabei das waldreiche Hinterland, die Alzschleife und Truchtlaching. Ungetrübten Badefreuden sowie der Einkehr in einem Bauernhofcafé steht im Sommer nichts im Weg.

Abfahrt in Truchtlaching Wir starten an der Alzbrücke und queren ans Nordufer. Alle, die mit dem Auto anreisen, stehen wahrscheinlich schon auf dem Parkplatz an der Nordseite der Alz. Auf der Hauptstraße, der Seeoner Straße, verlassen wir den Ort. Sie steigt an, links fließt die Alz, und wir sind froh über den von der Straße abgetrennten Fuß- und Radweg. Wir radeln durch Döging und queren anschließend ein kleines Waldstück. Gleich dahinter reicht es uns mit dem Autoverkehr, und wir biegen links in den Feldweg ein, der nicht als offizieller Radweg beschildert ist. Dank diesem Trick kürzen wir ein kurzes Stück des offiziellen Radwegs ab, der die Straße weiter begleitet.

Alzschleife und Bauernhofcafé Weiter geht es durch den Wald, an dessen Ende die Alz eine weite Schleife mit kleinen Schilfinseln bildet. Ein echtes Naturparadies! Wir treffen auf die Autostraße Seebruck–Seeon, die wir überqueren und ab der wir dem Radweg links abwärts nach Ischl folgen. Die gotische Kirche St. Martin ist einen kurzen Abstecher wert, ansonsten fahren wir auf der Hauptstraße durch den Ort und über die Ischler Achen. Aufwärts führt uns die Dorfstraße aus dem Ort, wir bleiben geradeaus und erreichen den Hof Heimhilden. Dort biegen wir rechts ab, queren kurz darauf eine Autostraße und nehmen dahinter den Radweg, der uns nun in den Wald führt. Der Beschilderung nach Breitbrunn folgend, genießen wir das viele Grün. Ein Waldbad ist hier inklusive! Schließlich verlassen wir den Wald und radeln über Fembach und Stetten zu einer größeren Straße. Auf ihr geht es ein kurzes Stück nach rechts, dann queren wir

»In uns selbst liegen
die Sterne unseres Glücks.«

Hermann Hesse

kurz vor dem Erdwärmewerk die Straße und biegen links in den Wald ab. Gleich radeln wir über eine große lang gezogene Lichtung und erreichen Lienzing. Im Ort geht es nach rechts – und wer möchte, kann sich, sofern gerade Donnerstag, Freitag oder Wochenende ist, im Bauernhofcafé Utz mit Kaffee und Kuchen verwöhnen lassen.

Über Breitbrunn ans Bayerische Meer Wir verlassen den Weiler auf der Straße, die am Utzhof vorbeiführt. Nach einem Waldstück steuern wir direkt auf Breitbrunn zu. Das malerische Dorf ist stark vom Tourismus geprägt. Wir radeln in die Ortsmitte und biegen links Richtung Kirche ab, die auf einem Hügel thront. Noch vor dem Dorfweiher halten wir uns links und folgen der Gstadter Straße. Jetzt kräftig treten, es geht aufwärts, am Ortsende beginnt der Radweg, der uns bald auf den kleinen Höhenrücken über Gstadt führt! Kaum haben wir den höchsten Punkt ohne allzu große Anstrengung erreicht, öffnet sich ein weiter Blick auf das Bayerische Meer. Ein paar Rastbänke stehen bereit. Ab jetzt ist die restliche Rückfahrt bequem, einfach und flach und entpuppt sich als echte Glücksroute. So rollen wir abwärts nach Gstadt und tauchen kurz ein in den Ferientrubel, denn vom Uferort legen viele Schiffe zur Frauen- und zur Herreninsel ab.

Auf dem Chiemsee-Radweg Ab Gstadt nehmen wir nun einfach den Chiemsee-Radweg Richtung Seebruck. Er folgt anfangs noch der Autostraße, biegt aber bei Schalchen rechts ab, und nun taucht man wirklich in die Idylle ein. Unter Schatten spendenden Bäumen radeln wir dicht am Wasser entlang. Am Strandbad Gollenhausen, das gleich hinter dem kleinen Hafen liegt, darf man ins Wasser hüpfen, aber es kommen noch einige naturbelassene

↑ **Blick vom Gstadter Ufer zur Fraueninsel**
↓ **Im Sommer unbedingt Badesachen einpacken!**
→ **Skulptur von Heinrich Kirchner am Seebrucker Hafen**

↑ **Löwenzahnwiesen, Berge und Bayerisches Meer – das stimmt glücklich.**

Seezugänge, die jeder auf eigene Gefahr nutzen kann. Vorbei am Hotel Restaurant Malerwinkel mit einem der schönsten Blicke über den See passieren wir einen Campingplatz und radeln das letzte Stück an jeder Menge Schilf vorbei, bis wir auf der Römerstraße Seebruck erreichen. Im Ort lohnt es sich, das Fahrrad abzustellen, um das Römermuseum zu besuchen (siehe Tour 12) oder zum Vogelbeobachtungsturm zu wandern. Mit dem Rad geht es dann über die Alzbrücke, wobei man vorher noch rechts eine Schleife zum Seebrucker Hafen und zum Strandbad drehen könnte. Unmittelbar nach der Brücke folgen wir links der Radwegbeschilderung nach Truchtlaching. Sie führt uns auf dem Keltenradweg über Stöffling direkt nach Truchtlaching zurück, wo sicherlich immer noch Zeit ist, das Flussbad in der gemächlich fließenden Alz zu genießen.

Tipp

Die Alz, der größte Abfluss des Chiemsees, beginnt ihren Lauf in Seebruck. Nach 63 Kilometern mündet sie unweit von Marktl in den Inn. Bei Altenmarkt vereint sie sich mit der Traun. Bis dahin darf die Alz frei fließen, Windungen bilden und Schleifen, die Altwasserarme zurücklassen.

AUF EINEN BLICK

Dauer: 3 Std. **Höhenmeter:** 120 Hm

Länge: 29 km **Schwierigkeit:** Leicht

Ausgangs-/Endpunkt: Truchtlaching, Alzbrücke – **GPS:** 47.960289, 12.499790

Anfahrt: **Pkw:** Auf der A 8 Ausfahrt Prien oder Grabenstätt und weiter ans Nordufer über Seebruck nach Truchtlaching. Parkplatz am Alzbad.
Bahn: Nach Prien und Radtour dort starten (zusätzlich 11 Kilometer nach Breitbrunn)

Tourencharakter: Rundtour zum Teil auf Rad- und Waldwegen, zum Teil auf wenig befahrenen Nebenstraßen. Am Chiemseeuferweg auf Wanderer achten. Badesachen nicht vergessen!

E-Bike-Ladestation: In Seebruck am Weinlokal Taverna in der Römerstraße, in Truchtlaching vor der Brauereigaststätte Camba, Mühlweg 1a

Einkehr: Unterwegs mehrere Gaststätten, sehr nett ist das Bauernhofcafé Utzhof, aber auch in Gstadt sitzt man schön am Wasser.

Information: seeon-seebruck.de

↑ Kloster Seeon ↓ Skulpturen von Heinrich Kirchner stehen auch in Pavolding.

VON KUNST UND KLOSTER ZUM BIER

Tour für den Genuss
TOUR 14

Rund um Seeon

In einem großen Kreis geht es einmal um Seeon mit seinem Kloster und dem See. Dabei streifen wir unbekannte Moore, Kunstwerke von Heinrich Kirchner, die Alzschleife, keltische Ausgrabungen und eiszeitliche Seen. Letztere eignen sich hervorragend zum Baden.

Ins Moor Los geht's am Parkplatz vor dem Kloster Seeon. Wir fahren, das Kloster im Rücken, auf der Straße Richtung Wattenham. Gleich zu Beginn steigt der Weg leicht an. Wir passieren den Ort und rollen in stetem Auf und Ab in westlicher Richtung. Kurz vor Oberbrunn biegen wir links ein, der Beschilderung nach Karlswerk folgend. Die Straße führt hinunter zur Hammerschmiede. Dahinter beginnt der Waldweg durchs Moor. Es lohnt sich, abzusteigen und auf einem der Trampelpfade nach rechts zu gehen. Im Herbst blüht hier Besenheide zwischen knorrigen Birken und Kiefern. Unser Moorweg endet in einer kleinen Straße, der wir nach links folgen.

Kunst in Pavolding Im Weiler Pavolding wohnte der Künstler Heinrich Kirchner. Mehrere seiner Skulpturen finden sich rund um die mächtige Linde am Mühlrad. Heinrich Kirchner wurde 1902 in Erlangen geboren, nach dem Krieg lebte er bis zu seinem Tod 1984 im Chiemgau. Seine reduzierten Plastiken von Menschen und Tieren besitzen, weil nichts ablenkt, eine intensive Ausdruckskraft. Auch vor dem Kloster Seeon stehen drei seiner Figuren. Nach einer kurzen Rast folgen wir der Straße und kommen leicht bergauf nach Roitham. An der Kapelle bleiben wir geradeaus und stoßen auf eine größere Straße. Ihr folgen wir für ca. 300 Meter nach rechts bergab, dann biegen wir an der ersten Möglichkeit links auf eine kleinere Straße. Sie führt uns an den Häusern von Maisham vorbei, und schon radeln wir mit etwas Abstand an der Ischler Achen entlang. Am Sägewerk halten wir uns

»Bier ist der überzeugendste Beweis dafür,
dass Gott den Menschen liebt
und ihn glücklich sehen will.«

Benjamin Franklin

geradeaus und erreichen Ischl und seine hübsche Kirche St. Martin mit ihrem spätgotischen Netzrippengewölbe. Dahinter treffen wir auf eine Autostraße, der wir auf dem parallel verlaufenden Radweg nach links folgen.

Archäologische Funde Nach wenigen Minuten biegen wir rechts in einen Feldweg ein. Er bringt uns zu einem Gräberfeld (siehe Tour 12). Anschließend bleiben wir auf dem Radweg und werfen noch einen Blick auf die Alzschleife, bevor wir in den Wald eintauchen. Die nächste große Straße queren wir und folgen den Schildern nach Seeon, die uns bald links über die Felder an den Ortsrand von Seeon lotsen. In vielen Karten ist hier noch der Eglsee eingezeichnet – der Toteissee ist heute verlandet. In Seeon am großen Kreisverkehr müssen wir uns entscheiden: Nach links geht es direkt zum Kloster Seeon zurück, geradeaus können wir die Radtour noch mit einem Besuch des Griessees verlängern oder im Camba Bräu einkehren.

Zum Griessee Wir folgen dem Radweg in nördlicher Richtung, kurz nach der Wegkapelle biegen wir in die Nebenstraße ein. Der Griessee ist bereits ausgeschildert. Alle Abzweigungen ignorierend – sie richten sich nur an Wanderer – folgen wir der größeren Straße nach links und erreichen den Parkplatz. Hier biegen wir links ab zum Griessee. Ein Strandbad mit Liegewiese und Stegen ermöglicht einen wunderbaren Radtour-Ausklang. Gleich neben dem Griesee liegt der Brunnensee, beide Seen sind wie die Eggstätter Seenplatte (Tour 7) Toteisseen. Sie lassen sich am besten auf einem Spaziergang erkunden.

Köstliche Pause Wir nehmen die Straße nach Großbergham. Dort bremst uns der Landgasthof Griessee zu einer kulinarischen Rast aus. Für die Rückfahrt wählen

↑ Gemütlich ist es in der Camba Brauerei.
↓ Genuss unter den Braukesseln
→ Stille herrscht im Seeoner Kreuzgang.

↑ **Der Griessee im Frühling**

wir nach links die Straße, die direkt am Gasthof beginnt. Sie bringt uns über Felder durch ein Waldstück. Weiter in südlicher Richtung queren wir eine größere Straße. Hinter Thalham halten wir uns links und erreichen wieder die Straße. Ihr folgen wir kurz nach rechts, dann biegen wir links in den Seeleitenweg ein. Er führt uns zum Seeoner See, wo wir rechts dem Seerundweg bis zum Kloster Seeon folgen. Die doppeltürmige Klosterkirche ist einen Besuch wert. Das Kloster wurde 994 von Pfalzgraf Aribo I. auf einer Insel im Seeoner See gegründet. In den gut 800 Jahren seines Bestehens war es ein bedeutendes Kulturzentrum. Heute ist das Kloster über einen aufgeschütteten Damm zugänglich. Seit 1989 gehört es dem Bezirk Oberbayern und dient mit Konzerten, Ausstellungen und Seminaren der Kulturförderung – eine schöne Kontinuität!

Tipp

Brot und Bier – das ist eine perfekte Kombination! In der Craftbier-Brauerei Camba in Seeon im Gewerbering lassen sich die hauseigene Bäckerei und Brauerei jederzeit von Montag bis Samstag zwischen 8 und 19 Uhr gegen eine kleine Eintrittsgebühr erkunden (camba-bavaria.de).

AUF EINEN BLICK

Dauer: 2.15 Std. **Höhenmeter:** 150 Hm

Länge: 20 km **Schwierigkeit:** Leicht

Ausgangs-/Endpunkt: Kloster Seeon, Parkplatz – **GPS:** 47.9735, 12.4445

Anfahrt: **Pkw:** Von München auf der A 8 Richtung Salzburg, Ausfahrt Bernau am Chiemsee, über Prien, Rimsting, Eggstätt zum Kloster Seeon, großer Parkplatz unter hohen Bäumen gleich neben der Straße.
Bahn: Mit dem Zug nach Obing und von dort in südöstlicher Richtung nach Großbergham radeln, um die Tour dort zu beginnen

Tourencharakter: Sehr schöne, abwechslungsreiche Runde mit nur wenigen Höhenmetern durch eine uralte Kulturlandschaft

E-Bike-Ladestation: Am Kloster Seeon

Einkehr: In Seeon mehrere Möglichkeiten, auch direkt am Kloster. Unterwegs Landgasthof Griessee (Montag Ruhetag) und Camba Bräu

Information: seeon-seebruck.de

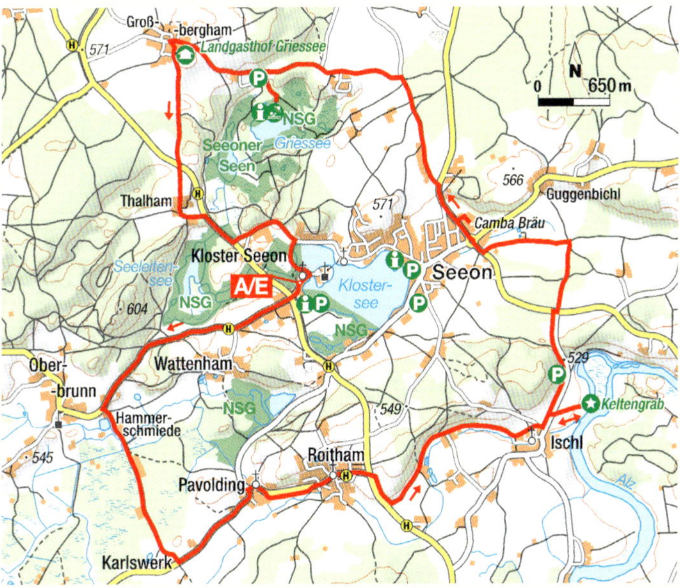

↑ Im Frühjahr ist es völlig ruhig am Obinger See. ↓ Am Skulpturenweg

Tour
TOUR 15
der Stille

ÜBERRASCHENDE AUSSICHTEN

Von Obing nach Norden

Weite Blicke aufs Tote Gebirge, die Salzburger Berge, den Dachstein und die Berchtesgadener Alpen bereichern diese Tour. Dazwischen Bauernland mit schmucken Höfen, deren Architektur sich hier im nördlichen Chiemgau deutlich von der Bauart im Süden unterscheidet.

Über den Obinger Skulpturenweg Wir starten an der großen Kirche St. Laurentius in Obing und radeln auf der Kienbergerstraße ein kleines Stück nach Norden. Schon biegen wir rechts ein und folgen dem Radweg um den Obinger See. Wir sind auf einem Skulpturenweg unterwegs und stoßen alle paar Meter auf die verschiedensten modernen Kunstwerke. Am Ostufer radeln wir weiter um den See, durch Jepolding, am Strandbad entlang und biegen dann im Ortsteil Pfaffing rechts in den Jägerweg. Erneut nach rechts in die Schalkhamer Straße, wo wir gleich darauf einen Radweg erreichen. Die Radtour ist nun erst einmal identisch mit dem Themenradweg »Bauernhofsafari«. Es geht über Felder und durch einen Wald am Obinger Golfplatz vorbei, bis wir auf eine Straße am Weiler Schalkham stoßen. Hier nun links abzweigen, durch das Dorf hindurch und immer stur der Beschilderung nach Kienberg über Siboling folgen. Den Ortsrand von Kienberg erreichen wir bald auf einem Radweg, der parallel zur Autostraße verläuft. Wir müssen jedoch gar nicht in den Weiler hinein, denn ab jetzt bringen uns die Radwegschilder nach Schnaitsee auf die richtige Spur.

Kapellen und Kirchen Kurz hinter Kienberg lohnt ein Abstecher zur hübschen Kapelle rechts auf dem kleinen Hügel neben dem eigentlichen Weg. Innen gibt es eine Kreuzigungsgruppe, davor steht eine sonnige Rastbank. Kurzes Verschnaufen sowie eine Trinkpause tun gut, denn wenige Meter später steht die erste längere Auffahrt bevor. Das Schild nach Schnaitsee

»Die Gaben der Natur und
des Glücks sind nicht so selten
wie die Kunst, sie zu genießen.«

Luc de Clapiers

lotst uns dafür nach links hinauf zu den Höfen von Holzhausen. Die Mühe lohnt sich. Dafür müssen wir uns nur einmal umdrehen. Im Süden zieht sich die Alpenkette am Horizont entlang, ein wunderbares und weites Panorama. Über Feldwege geht es wieder abwärts, die kleine, einsam gelegene Magdalenenkirche ist im Tal schon gut zu sehen. Das romanische Kirchlein gehört zu den ältesten Kirchen der Diözese München und Freising und geht bis aufs 12. Jahrhundert zurück. Leider ist sie abgeschlossen, und so lohnt sich der Abstecher nicht.

Weiler und Weite Im Tal mündet unser Feldweg unweit der Kirche auf eine Bundesstraße, die wir für die Weiterfahrt nur ein Stück nach rechts überqueren. Wieder geht es aufwärts über die Höfe von Kirchstätt zum Bauernhof in Steineck. Dort wendet sich unser Radweg nach links und wird zu einem etwas holprigen Wald- und Wiesenpfad, der erneut ein Stückchen aufwärtsführt. Dann stoßen wir wieder auf geteerte Sträßchen, wo wir nur noch eine kurze Weile der Beschilderung nach Schnaitsee folgen. An der Stelle, wo der Radweg nach Schnaitsee rechts abbiegt, bleiben wir geradeaus und radeln auf Schmidham zu. Vor dem Weiler biegt die Straße links ab und führt im Zickzackkurs am letzten Haus vorbei, wo unser Radweg in einen Feldweg übergeht. Jetzt rollen wir über weite Felder, biegen aber gleich darauf einmal links ab, um nach Diepertsham zu gelangen. Dort treffen wir wieder auf eine Straße, der wir nach rechts folgen, dann halten wir uns links, passieren Kafterbaum und fahren erneut über Felder, bis es an der nächsten T-Kreuzung rechts nach Frabertsham geht.

Abseits der großen Straße In Frabertsham biegen wir links in die Hauptstraße ein. Der schnellste und bequemste Rück-

↑ **Albertaich mit seinem hohen Kirchturm**
↓ **Freie Fahrt über ruhige Feldwege**
→ **Die Magdalenenkirche steht mitten auf dem Feld.**

↑ **Im Sommer kann man von den Stegen herrlich in den Obinger See hüpfen.**

weg würde auf einem Radweg parallel zur B 304 nach Obing zurückführen. Eine ruhigere Alternative bieten kleine Nebenstraßen, die nur etwas mehr Zeit beanspruchen. Dafür schwenken wir vor dem Gasthof Reiter in Frabertsham rechts in die Rosenheimer Straße ein und folgen ihr durch Allertsham zur Abzweigung nach links, die nach Albertaich/Ilzham führt. In Albertaich wenden wir uns dann hinter der Kirche links in den Feldweg, der fast schnurgerade bergab nach Ilzham geht. In Ilzham bleiben wir einfach in Fahrtrichtung und erreichen Obing am Ortsrand. Nun nur noch rechts auf der Wasserburger Straße zurück in die Ortsmitte von Obing, wo wir uns eine Erfrischung in der Eisdiele an der Kirchenkreuzung nach 26 Kilometern redlich verdient haben.

Tipp

Obwohl es in Obing einen Bahnhof gibt, lässt sich der Ort für Radler nur schwer per Zug erreichen. Zwischen Bad Endorf und Obing verkehrt an Sonn- und Feiertagen die Chiemgauer Lokalbahn mit ihrer historischen Diesellok von 1952. Die Bahn ist vor allem etwas für Eisenbahnfans!

AUF EINEN BLICK

Dauer: 2.50 Std. **Höhenmeter:** 250 Hm

Länge: 26 km **Schwierigkeit:** Mittel

Ausgangs-/Endpunkt: Obing, Kirche – **GPS:** 48.001442, 12.407357

Anfahrt: **Pkw:** Von München auf der A 8 Richtung Salzburg, Ausfahrt Bernau am Chiemsee, über Prien, Rimsting, Eggstätt und Seeon nach Obing. Ein größerer Parkplatz steht am modernen Parkdeck in der Reiterbergstraße zur Verfügung.
Bahn: Nicht möglich

Tourencharakter: Schöne Rundtour fast ausschließlich auf Nebenstraßen, Radwegen und Feldwegen. Aufgrund der vielen kleinen und größeren Hügel ist die Tour ohne E-Bike eine recht anstrengende Runde. Die meisten Anstiege fallen auf dem Hinweg an, zurück ist es leichter.

E-Bike-Ladestation: Obing, Eisboutique Venezia

Einkehr: Am Rückweg liegt der Gasthof Reiter in Frabertsham am Weg.

Information: seeon-seebruck.de

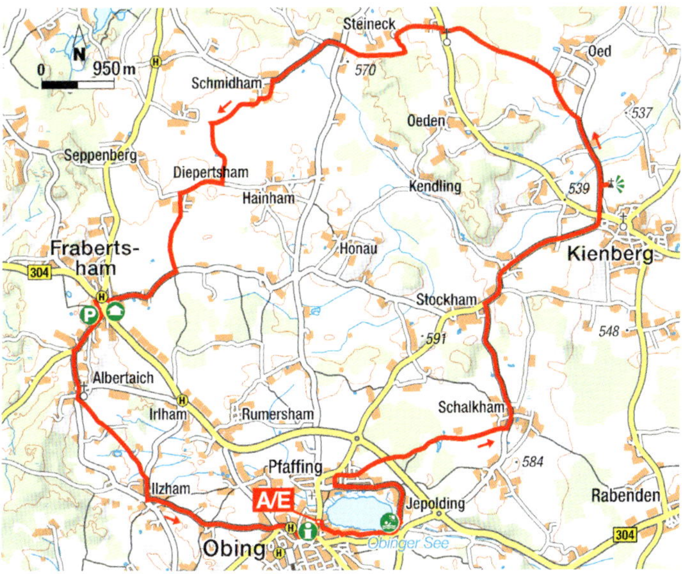

↑ Achtung, wenn der Zug fährt! Der Radweg ist schmal. ↓ Kloster Baumburg

Tour
TOUR 16
mit Kultur

VON A NACH B – ALTENMARKT UND BAUMBURG

Entlang der Alz nach Trostberg

Die idyllische Alz und ihre Kanäle geben Radfahrern Schwung auf dieser Tour von Altenmarkt nach Baumburg. Unterwegs will Trostberg erkundet werden, und zum Abschluss warten die stilvolle Klosteranlage mit barocker Kirche sowie ein uriges Bräustüberl auf uns.

Entlang der Bahn Wir starten die Tour am kleinen Bahnhof in Altenmarkt an der Alz und folgen der Bahnhofstraße vorbei an der großen Firma Alzmetall. Am Ende der Straße beginnt ein Radweg, der uns an den Schienen entlangführt. Gleich am Anfang lotst uns das Schild noch einmal für einen Links-rechts-Schwenk durch den Traunweg. Warum man sich an dieser Stelle nicht einfach weiter geradeaus halten kann, bleibt ein Rätsel. Wenige Umdrehungen später queren wir die Traun und kurz darauf wechseln wir auf die andere Seite der Gleise. Der Radweg entpuppt sich als sehr schmales Weglein direkt neben den Schienen. Dass wir hier besondere Rücksicht auf Fußgänger bzw. andere Radler nehmen, versteht sich von selbst. Nebeneinander hat man keinen Platz.

Am Alzkanal Schließlich erreichen wir am Südrand von Trostberg ein großes Stauwehr. Hier biegen wir links ein und queren schiebend das Wehr. Auf der anderen Seite sehen wir, wie das Wasser für den Alzkanal abgezwackt wird. Wir bleiben auf der rechten Uferseite des Kanals und setzen dort die Tour fort. Alle Brücken ignorierend folgen wir dem Kanal, bis wir am nächsten Wehr das Schulzentrum von Trostberg erreichen. Hier halten wir uns rechts und radeln auf dem Stefan-Günther-Weg vorbei an den Sportstätten zur nächsten Brücke, die uns nun wieder über die Alz führt. Gleich nach der Brücke biegen wir links ein und sind nun auf dem Alzradweg unterwegs.

Über den Alzradweg Wir passieren Trostberg vorerst ohne Besichtigung, denn am Rückweg kommen wir ja wieder hier vorbei. Immer am Fluss entlang unterqueren wir bald die schöne Bahnbrücke und sind dahinter schon mitten im Grünen. Nebenher rauscht der Fluss, und nur noch ein paar Spaziergänger teilen sich hier den Weg mit uns. Nach der ersten Alzkurve werden wir durch die Radwegbeschilderung nach rechts weg vom Wasser gelotst. Der direkte Uferweg ist ab hier den Wanderern vorbehalten. Entlang einer Wiese erreichen wir den Rand eines Gewerbegebiets, die Beschilderung weist uns in Richtung Tacherting. Wir radeln durch eine Neubausiedlung, und dann geht es in die Eichenstraße, deren Verlängerung uns wieder in die Flussauenwälder der Alz führt. Kurz darauf erreichen wir auch schon wieder den Fluss. Wir queren ihn, um am anderen Ufer links den Rückweg anzutreten. Eine tolle Wegstrecke liegt nun vor uns, denn diesmal dürfen wir immer in Flussnähe bleiben. So bieten sich einige schöne Rastplätze an, und wer möchte, kann seine Beine im klaren Flusswasser erfrischen. Schließlich nähern wir uns Trostberg und radeln zwischen Kanal und Fluss gemütlich weiter.

Altstadtbesichtigung Am Zieglauer Steg queren wir den Kanal nach rechts und halten uns gleich darauf links. Über uns sehen wir die große und vor allem hohe geschlossene Häuserzeile von Trostberg. Die fast durchgängig viergeschossigen Gebäude stammen aus dem 16./17. Jahrhundert, in den Grundmauern sogar aus dem Mittelalter. Fast trutzig und abweisend sehen sie zur Alz hin aus. Wir radeln nach dem Parkplatz rechts aufwärts über den Marienplatz in die Trostberger Hauptstraße und erleben ein völlig anderes Bild der Stadt. Bunt bemalte Fassaden und unterschiedlichste Giebel weisen die typische Inn-Salzach-Architektur auf, die wir auch

← **Löwenkopf an der Baumburger Klosterkirche**

↑ **Trostberg und der Zieglauer Steg**

aus Burghausen oder Tittmoning kennen (Tour 23). Die Pfarrkirche St. Andreas trennt die lange Hauptstraße. Jetzt ist Zeit, die Räder abzustellen, um zu Fuß zur Besichtigung zu starten. Rund um die Kirche verführen Cafés zu einem Cappuccino. Es lohnt sich, bis zum östlichsten Ortsende zu spazieren. Dort befindet sich das Heimatmuseum mit 20 000 Objekten zu unterschiedlichen Themen wie der Wohnkultur vergangener Jahrhunderte, zum Bereich Waffen, Fahnen und Schützenscheiben, aber auch zu alten Spielsachen, Musikinstrumenten und sakraler Kunst. Gegenüber ragt der architektonisch interessante mittelalterliche Turm am Schloss Schedling in die Höhe. Das ehemalige Hofmarkschloss erscheint als großes Ensemble, aber am auffälligsten ist der frei stehende Turm, der zu Ferienwohnungen umgebaut wurde. Zu Füßen des 800 Jahre alten Schlosses Schedling liegt der ehemalige Klostergarten der Englischen Fräulein – heute ein traumhafter Rosengarten mit Obstbäumen, malerischen Sitzgelegenheiten und natürlich jeder Menge Rosen. Über 300 verschiedene Sorten wachsen hier und bilden im Frühsommer ein einziges Blumenmeer. Wer seine Badesachen dabeihat, kann in Trostberg einem einzigartigen Schwimmangebot nachkommen. Am Freibad gibt es einen 220 Meter langen Freischwimmerkanal, für den extra aus der Alz das Wasser abgeleitet wird.

»Denn wer schwimmen will,
muss zu den Flüssen gehen.«

Isaac Newton

Abstecher nach Frühling Anschließend radeln wir die lange Trostberger Hauptstraße Richtung Westen und kommen so über den Vormarkt zur großen Traunsteiner Straße. Auch ihr folgen wir in Fahrtrichtung, der Rad- und Fußweg ermöglicht es uns, dem Stadtverkehr zu entgehen. Der Radweg endet an einer kleinen Kreuzung. Hier halten wir uns links und folgen dann rechts der Nebenstraße, die am Hotel »Auf Wolke 8« den kleinen Berg hinaufführt. Die Auffahrt erfolgt zum Glück im schattigen Wald und ist nicht sehr anstrengend. Wieder in der Sonne haben wir die Anhöhe erreicht. Vor uns liegt eine weite Hochebene mit freier Sicht auf die nahen Chiemgauer Berge. Die erste Abzweigung passieren wir noch, dann biegen wir links ein und gelangen zum Weiler Frühling, der nicht nur dem Namen nach reizvoll ist. In Frühling entdecken wir einen herrlichen Vierseithof mit mächtiger Toreinfahrt. Die Bauweise unterscheidet sich bereits stark von den lang gezogenen Höfen, die wir ansonsten auf unseren Fahrten durchs Chiemgau entdeckt haben.

Über Dorfen zum Kloster Baumburg Nun geht es schnurstracks in Richtung Süden über die Felder. Einmal queren wir eine weitere Landstraße, Altenmarkt und das Kloster Baumburg sind bereits ausgeschildert. In Dorfen folgen wir der Dorfstraße, die sich nach links wendet und dann rechts abwärts zurück ins Tal der Alz führt. Wir erreichen den Talboden unweit des neuen Auberg-Tunnels, dessen Zufahrt wir gleich unterqueren. Unmittelbar dahinter halten wir uns rechts und biegen dann gleich links in die Thalhamer Straße. Sie bringt uns zu einem Steg, der über die Alz führt. Schiebend wechseln wir ein letztes Mal das Ufer und gleich auch noch den Laufener Mühlbach. Dann geht es hinter dem Sportgelände nach links zur Laufener Straße.

← **Alz bei Altenmarkt**
→ **Putten tummeln sich am Freskenhimmel in der Klosterkirche.**

↑ **Wunderschöne Alz**

Jetzt ein paar Gänge zurückschalten, denn wir folgen, scharf rechts einbiegend, den Kurven aufwärts. Ein paar letzte schweißtreibende Meter führen am Friedhof vorbei zum Kloster hinauf, das wir, uns noch einmal rechts haltend, durch die große Toreinfahrt erreichen. Jetzt ist Zeit für eine Pause und die Besichtigung.

Zurück nach Altenmarkt Zum Ausgangspunkt geht es vom Kloster aus über die Zufahrtsstraße; bergab und ohne jede Anstrengung erreichen wir Altenmarkt. Wir biegen rechts in die Baumburger Leite ein, der Bahnhof ist bereits ausgeschildert. Jetzt folgen wir nur noch den kleinen Radweg-Quadraten, die uns bald zweimal nach links unter der großen Bundesstraße hindurchlotsen und direkt am Bahnhof entlassen.

Tipp

Hoch oben über der Mündung von Traun und Alz blickt eine von Zwiebeltürmen gekrönte Kirche ins nördliche Chiemgau. Auch wenn ein Gitter den Innenraum abtrennt: Die frühere Klosterkirche Baumburg lohnt den Besuch. Die überbordende Innendekoration preist die Herrlichkeit des Himmels.

AUF EINEN BLICK

Dauer: 2 Std. **Höhenmeter:** 120 Hm

Länge: 20,5 km **Schwierigkeit:** Leicht

Ausgangs-/Endpunkt: Altenmarkt, Bahnhof – **GPS:** 48.000128, 12.535825

Anfahrt: Pkw: Von der A 8 Ausfahrt Siegsdorf auf die B 306 und die B 304 wechseln. Über Traunreut nach Altenmarkt. Wenige Parkplätze am Bahnhof, mehr Parkplätze unterhalb des Klosters in der Baumburger Straße.
Bahn: Mit dem Zug über Traunstein, Mühldorf, Traunreut

Tourencharakter: Kurze Runde entlang der Alz mit vielen Besichtigungsmöglichkeiten. Bei Hochwasser kann der Alzradweg gesperrt sein.

E-Bike-Ladestation: In Trostberg direkt am Zieglauer Steg am Alzradweg

Einkehr: In Trostberg ist der Gasthof Pfaubräu mit Kreuzrippengewölbe im Gastraum sowie sonnigem Biergarten zu empfehlen. Direkt am Kloster Baumberg wartet das historische Bräustüberl.

Information: altenmarkt.de

↑ Vachendorf ↓ Am Stadtplatz von Traunstein ist immer etwas los.

AUF DEN SPUREN DES WEISSEN GOLDES

Tour TOUR 17 mit Kultur

Von Siegsdorf nach Traunstein

Traunstein galt lange als die Stadt des Salzes. Heute präsentiert sie sich mit einer lebendigen Altstadt mitten im Herzen des Chiemgaus. Für den Rückweg steht als besonderes Schmankerl der Traunradweg auf dem Plan. Flussradeln macht einfach glücklich!

Über Vachendorf Am nördlichen Ende des Siegsdorfer Bahnhofs biegen wir links auf die Bahnhofstraße und erneut links in die Hauptstraße von Siegsdorf. Sie bringt uns über die Traun, wo wir am Kreisverkehr rechts der Traunsteiner Straße bergauf folgen. Wir überqueren die Autobahn, wenden uns gleich danach nach links und radeln an der Auffahrt geradeaus und anschließend gleich rechts auf die Vachendorfer Straße. Unser Radweg verläuft parallel zur Autostraße, auf halber Strecke kann man links einen Abstecher zum Georgenberg mit seiner Kirche einschieben. Der Weg ist aber nur etwas für E-Bike-Fahrer, die auf holprigem Untergrund gut zurechtkommen! Ansonsten geht es bald steil hinunter nach Vachendorf. Am Ortseingang rollen wir unter der Eisenbahn hindurch, dann halten wir uns links auf die Siegsdorfer Straße und folgen ihr in Richtung Ortsmitte. In die Hauptstraße biegen wir rechts ein, passieren die Kirche und halten uns am Ortsende erneut rechts an den Radweg, der als Kapellenweg parallel zur Straße verläuft. Er steigt an, einmal wechseln wir die Seite und erreichen Axdorf. Schon geht es auf dem Radweg wieder bergab durch den Traunsteiner Vorort Haslach. Die Unterführung ignorierend, bleiben wir links auf dem Radweg parallel zu den Gleisen.

Traunsteiner Stadtspaziergang Der Weg endet an einer größeren Straße, der wir rechts zur Ampel folgen. Um möglichst dem Stadtverkehr zu entgehen, biegen wir an dieser Ampel links ab und dann gleich rechts in

»Salz ist von den reinsten Eltern geboren,
der Sonne und dem Meer.«

Pythagoras

die Güterhallenstraße. Sie führt am Bahnhofsgelände und dem Annette-Kolb-Gymnasium vorbei und mündet in eine größere Straße. Dieser folgen wir nun nach rechts, unter den Gleisen hindurch, jetzt heißt sie Herzog-Friedrich-Straße. Gleich darauf geht es links in die Ludwigstraße, die uns direkt zum Maxplatz und dem dahinter liegenden großen Stadtplatz bringt. Im Herzen der Traunsteiner Altstadt angelangt, stellen wir am besten hier die Räder ab und erkunden die Stadt zu Fuß. Traunstein ist als Einkaufs-, Behörden- und Schulstadt das Zentrum des Chiemgaus. Sein Stadtplatz wird von der Kirche St. Oswald dominiert, die auf die Barockzeit zurückgeht. Östlich der Kirche pulsiert das Leben. Gasthäuser und Cafés laden zum Verweilen ein, ein grüner Markt versorgt die Traunsteiner mit frischer Ware aus der Umgebung, und über allem wacht auf einem Brunnen der Lindl, ein bewaffneter Mann. Er steht als Mahnung, sich an die Vorschriften der Obrigkeit zu halten. Hier am Stadtplatz beginnt alljährlich am Ostermontag der berühmte Georgiritt nach Ettendorf, der viele Tausend Besucher anzieht. Nach Süden führen Treppen und ein Aufzug zum Salinenviertel. Die Saline war zwischen dem 17. und dem frühen 20. Jahrhundert der wichtigste Arbeitgeber der Stadt. Was davon übrig ist, kann auf einer Führung besichtigt werden.

Entlang der Traun Für die Rückfahrt nach Siegsdorf wenden wir uns am östlichen Ende des Stadtplatzes, noch vor dem Stadttor Jacklturm, nach rechts und folgen der Hofgasse. Sie wird zum Auerberg und führt steil bergab. Rechts lässt sich noch ein Blick auf die Salinenkapelle erhaschen. Sie ist eine der größten Kapellen Deutschlands. Weiter geradeaus, nun auf der Reifenstuelstraße, fahren wir an der Ampel über die Salinenstraße und sind kurz darauf am

← **Die Traun bei Siegsdorf**
→ **Rudi heißt das Mammut im Siegsdorfer Museum.**

↑ **Salinenviertel von Traunstein**

Mühlbach und der Traun. Wir queren den Mühlbach, radeln dann links und rechts abwärts zur Traun, um ihr flussaufwärts zu folgen. Am Ende geht es am Wasserkraftwerk wieder über den Mühlbach. Nun halten wir uns an die Beschilderung nach Siegsdorf und rollen entspannt entlang der großen Traun. Neben uns plätschert das Wasser, über uns spannt sich ein grünes Blätterdach, durch das die Sonne ihre Strahlen schickt. Entlang von Flüssen zu radeln ist immer besonders schön! Am Schwimmbad sind wir wieder in Siegsdorf angelangt, wir bleiben auf unserer Uferseite, fahren unter der Autobahn hindurch und erreichen den Kreisverkehr in der Ortsmitte beim Museum. Jetzt nur nach links auf die andere Flussseite wechseln und schon sind wir auf dem bekannten Weg zurück am Bahnhof.

Tipp

Siegsdorf ist ein malerischer kleiner Ort, berühmt für sein Naturkundemuseum, in dem man ein Mammut bewundern kann, das im nahen Ruderhart gefunden wurde. Außerdem gibt es ein schönes Freibad und die während des Dreißigjährigen Krieges errichtete Wallfahrtskirche Maria Eck.

AUF EINEN BLICK

Dauer: 1.50 Std. **Höhenmeter:** 150 Hm

Länge: 17 km **Schwierigkeit:** Leicht

Ausgangs-/Endpunkt: Siegsdorf, Bahnhof – **GPS:** 48.001442, 12.407357

Anfahrt: **Pkw:** Von München auf der A 8, Ausfahrt Traunstein/Siegsdorf. Parkplätze am Siegsdorfer Bahnhof.
Bahn: Siegsdorf liegt an der Bahnstrecke Traunstein–Ruhpolding.

Tourencharakter: Kurze Rundtour nach Traunstein. Auf dem Hinweg kleinere Steigungen, der Rückweg verläuft völlig flach entlang der Traun. In Traunstein Stadtverkehr!

E-Bike-Ladestation: Traunstein: Am Maxplatz großer Ladeschrank für sechs Bikes oder im Biergarten des Sailer Kellers, Herzog-Friedrich-Straße 1; Siegsdorf: Am Kiosk im Kurpark, hinter dem Museum, Radsport Ederbike am Bahnhof, Schwimmbad

Einkehr: In Traunstein viele Möglichkeiten rund um den Stadtplatz; in Siegsdorf Café Weinmüller oder Gasthaus Alte Post

Information: traunstein.de

↑ Die Ruhpoldinger St.-Georgs-Kirche stammt von 1758. ↓ Weiße Traun

Tour
TOUR 18
der Stille

ZUM STAUNEN, FREUEN UND GLÜCKLICHSEIN

Rund um Ruhpolding

Sogar die kleinen Radrunden, von denen man sich zunächst nicht so viel erwartet, füllen den Erinnerungsspeicher mit unvergesslichen Bildern. Das ist auch hier der Fall: Wie wunderschön ist der Talkessel um Ruhpolding zwischen Traun, Rauschberg und Taubensee!

Im Uhrzeigersinn Vom südlichen Ende des Ruhpoldinger Bahnhofs, am Kreisverkehr, starten wir in die Waldbahnstraße. Wir erreichen die Weiße Traun und folgen ihr flussabwärts auf dem Radweg. Bald stoßen wir auf das erste türkisfarbene Radwegschild »Rund ums Tal«, das mit der Ziffer 2 nummeriert ist. Ihr folgen wir die ganze Radtour über, die Orientierung ist also ganz einfach. Bei Bibelöd verlassen wir die Weiße Traun und biegen links ab, unter den Bahngleisen hindurch. Im Zickzackkurs radeln wir durch die Häuser, über den Steinbach hinweg, und bleiben dann links auf der Westerbergstraße bis zur Hauptstraße. Mit einem Linksschwenk queren wir diese in die Maiergschwendter Straße. Nach ein paar Hundert Metern halten wir uns rechts, nun bergauf zu den Bauernhöfen von Ober-gschwendt. Die grandiose Aussicht auf das Tal entschädigt für die Anstrengung beim Anstieg. Dann führt der Weg abwärts, an der T-Kreuzung geht es nach links, und wir biegen rechts in die Autostraße ab, die uns Richtung der wenigen Häuser von Maiergschwendt führt.

Museum Glockenschmiede Hinter der Bogenschießanlage halten wir uns rechts und folgen dem Forstweg, der noch einmal kräftig ansteigt und uns an einem Marmorbruch mit Klettergarten entlangführt. Der Weg senkt sich wieder, und wir erreichen vorbei an einigen schönen Höfen die Abzweigung zum Museum Historische Glockenschmiede. Von ihm folgen wir der Linkskurve und erreichen einen Wanderparkplatz. Dort wählen wir rechts

»Geben Sie jedem Tag die Chance,
der schönste Tag Ihres Lebens zu werden.«

Mark Twain

den Radweg, der über die Wiese führt. Bei Brand queren wir nach links die Urschlauer Ache, biegen für wenige Meter rechts in die Autostraße ein und verlassen sie gleich nach links auf den ansteigenden Weg. Oben schwenkt er nach links, und kurz darauf passieren wir den Märchenpark. Dahinter erreichen wir Bärngschwendt mit der Flugschule.

Über lauschige Wiesenwege Am Parkplatz der Flugschule biegen wir links ab, und abwärts geht es nach Gstatt. Mit einem Links-rechts-Knick radeln wir durch die Häuser und folgen dann über die Wiese der kleinen Teerstraße. Im Frühsommer blüht hier üppig das lilafarbene Knabenkraut, eine wahre Augenweide. Dann queren wir die große Seehauser Straße und erreichen wieder die Weiße Traun. Auf der gleichen Seite geht es rechts auf dem Radweg flussaufwärts, bald die große Bundesstraße überwindend zum Ortsteil Fritz am Sand. Dort nehmen wir die Brücke über die Weiße Traun und biegen gleich dahinter scharf links ab.

Zum Taubensee Jetzt geht es am Fuße des Rauschbergs entlang zum idyllischen Taubensee, der sich für eine schattige Rast anbietet. Nach dem See stoßen wir auf die Bundesstraße und folgen ihr nur für wenige Meter nach links. Am Campingplatz biegen wir rechts ein und verlassen auch diese Straße gleich wieder nach rechts auf die kleinere Straße, die direkt über den Golfplatz nach Hutzenau führt. An den Höfen links haltend, wird es zum Schluss noch ein wenig abenteuerlich. Hinter dem letzten Gebäude geht es links in den Wald und dann schnurgerade auf einem Wiesenweg über den Golfplatz. Auch den größeren Wanderweg queren wir geradeaus und radeln wieder über eine Wiese zu einem Weg, der uns in Fahrtrichtung nach Zell bringt.

↑ **Üppig blühende Blumenwiese bei Obergschwend**
↓ **Spiegelglattes Wasser am Taubensee**
→ **Totenbretter am Zeller Kirchlein**

↑ **Lebhaftes Treiben im Ortskern von Ruhpolding**

Zeller Kirche Dort halten wir auf die Kirche St. Valentin zu, die als ältestes Bauwerk von Ruhpolding einen Besuch wert ist. Vor der Kirche finden wir zum Gedenken an die Verstorbenen Totenbretter, die früher im ganzen Chiemgau verbreitet waren, aber jetzt fast völlig verschwunden sind. Im Innern von St. Valentin herrscht der rötliche Marmorsteinboden vor, der aus dem Steinbruch stammt, den wir heute passiert haben. Der Straße an der Kirche vorbei folgend, kommen wir wieder an die Weiße Traun, die wir an der nächsten Brücke, der Zeller Brücke, nach links queren. Gleich wieder rechts geht es vorbei an der Tennisanlage, und wir erreichen dahinter erneut die Waldbahnstraße, die uns zurück zum Ruhpoldinger Bahnhof führt. Zum Finale führt ein Abstecher geradeaus in die Dorfmitte.

Tipp

Ruhpolding ist durch den Biathlon-Weltcup bekannt. Doch der Ort hat auch im Sommer viel zu bieten. Das Heimatmuseum im herzoglichen Jagdschloss entführt in das Leben der einfachen Leute, während das Holzknecht-Museum und die Glockenschmiede vergangenes Handwerk präsentieren.

AUF EINEN BLICK

Dauer: 2 Std. **Höhenmeter:** 300 Hm

Länge: 22 km **Schwierigkeit:** Leicht

Ausgangs-/Endpunkt: Ruhpolding, Bahnhof – **GPS:** 47.7621, 12.6487

Anfahrt: **Pkw:** Von München auf der A 8 Richtung Salzburg, Ausfahrt Traunstein/ Siegsdorf bis Ruhpolding. Parkplatz am Bahnhof.
Bahn: Ruhpolding ist die Endstation der Bahnstrecke von Traunstein.

Tourencharakter: Rundtour um Ruhpolding mit viel Sonne und schöner Aussicht. Moderat hügelig mit zwei längeren Steigungen, mit und ohne E-Bike gut machbar

E-Bike-Ladestation: Ruhpolding: Café Chiemgau, Fahrradverleih Schäufele, Ski Huber

Einkehr: Unterwegs bieten sich wenig Möglichkeiten, aber am Ende in Ruhpolding umso mehr. Das beliebte Café mit Bäckerei Schuhbeck liegt in Bahnhofsnähe am Kreisverkehr. Sehr nett sitzt man auch im Maibaumstüberl in der Ortsmitte.

Information: ruhpolding.de

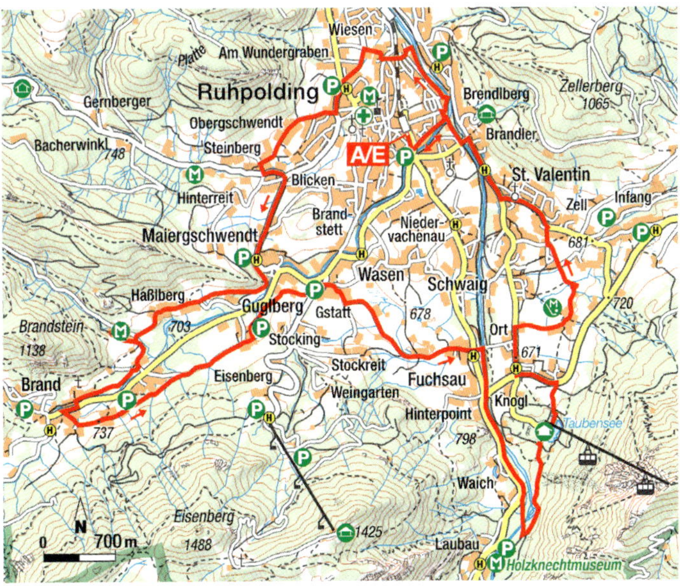

↑ Inzell mit dem Rauschberg ↓ Malerische Ortsmitte

PANORAMATOUR MIT ZEIT FÜR MEHR

Tour für TOUR 19 die Sinne

Einmal rund um Inzell

»Schöne Blicke rund um Inzell« lautet das Motto dieser kurzen Tour. Die gemütliche Runde führt durch ein Moor, vorbei an Gebirgsbächen und entlang der Roten Traun. Dazwischen bleibt Zeit, das Panorama zu genießen, oder für einen Abstecher auf den Moorerlebnisweg.

Zur Eisschnelllaufhalle Wir starten vom Rathausplatz und biegen hinter dem Rathaus gleich in die Unterführung ein, die uns auf die andere Seite der B306 bringt. Dort wenden wir uns nach rechts und folgen dem Radweg parallel zur großen Bundesstraße. Nun stets in südlicher Richtung bleibend, wird die Bebauung lichter, und wir kommen zur Max-Aicher-Arena, der großen Eissporthalle des Eislaufmekkas Inzell. Hier drehen die großen Stars aus der Eisschnelllaufszene ihre Runden, und im Winter ist die nach einem Unternehmer benannte Halle Austragungsort für internationale Wettkämpfe. Hinter der Halle, am Zwingsee, halten wir uns links und folgen gleich darauf wieder dem Radweg, der mit etwas Abstand zum See verläuft. Wir sind nun auf der Strecke der ehemaligen Soleleitung unterwegs, und unser Weg steigt leicht an. Dann erreichen wir einen Wanderparkplatz in der Nähe des ehemaligen Gasthauses Zwing.

Gletscherschliff und Falkenstein Kurz hinter den zwei kleinen Gebäuden teilt sich der Weg. Wir wenden uns nach links und radeln in den Wald hinein. Nach wenigen Minuten können wir einen Abstecher nach rechts zum Gletschergarten Weißbach in Erwägung ziehen. Dafür quert man den Weißbach und lässt dann besser das Fahrrad stehen, um das Flussufer zu Fuß zu besuchen. Die geologische Besonderheit, der Gletscherschliff, ist wenige Minuten später erreicht. Er wurde erst um 1935 beim Bau der Deutschen Alpenstraße entdeckt. Deutlich sieht man den Gletscherunter-

»Die größte Sehenswürdigkeit,
die es gibt, ist die Welt – sieh sie dir an.«

Kurt Tucholsky

grund des Saalach-Gletschers, dessen 300 bis 400 Meter dicke Eisschicht einst die ganze Gegend bedeckte. Wer sich dieses Wunderwerk der Natur nicht ansehen möchte, bleibt geradeaus und rollt bald am Rand einer Almwiese entlang sanft abwärts. Dann umkurven wir den Falkenstein, der links von uns in den Chiemgauer Himmel ragt, und bald schon begleitet uns der gleichnamige Bach. Der grüne Falkensee mit seinen moorigen Ufern und schönen Rastmöglichkeiten bremst unsere Reisegeschwindigkeit allerdings etwas ab. Es lohnt sich, die Räder abzustellen und eine erste Pause am Wasser einzulegen. Schließlich radeln wir aber weiter, und wiederum teilt sich kurz darauf der Weg. Für uns geht es nun nach rechts, wir umrunden das idyllische Breitmoos. Ab jetzt folgen wir immer der gelben Wanderwegbeschilderung »Panorama-Runde«, die in diesem Fall auch für alle Bikerinnen und Radfahrer gilt. Bald verlassen wir das Moor, und der Weg führt aufwärts in den Ortsteil Breitmoos.

Nach Schwarzberg In Breitmoos halten wir uns zuerst links und dann am Bushäuschen rechts, so treffen wir an der großen Zimmerei auf die Adlgasser Straße, die wir geradeaus queren. Wir radeln über den Großwaldbach und folgen weiter der kleinen gelben Panoramawegbeschilderung. Nun geht es über die Häuser von Teisenberg nach Brenner, hier rechts bleibend auf Forstwegen im Zickzackkurs über die Felder bis nach Schwarzberg, wo wir wieder auf die große B 306 stoßen. Auf der anderen Seite lockt der schöne Gasthof Schwarzberg zur Rast. Für die Weiterfahrt bleiben wir aber, wo wir sind, und folgen ein Stück dem Radweg Richtung Siegsdorf parallel zur B 306.

Entlang der Roten Traun Der Weg wechselt durch eine Unterführung die Straßenseite, kurz darauf biegen wir links in den Mitterweg ein. So strampeln wir

← **Falkenstein und Kienbergl vor dem Rauschberg**
→ **Beginn des Moorerlebnispfads**

Der Radweg entlang der Roten Traun folgt dem Soleleitungsweg.

am Soccerpark vorbei und kommen abwärts zur Roten Traun. Noch vor der Brücke führt uns der Radweg nach links, dann queren auch wir die Traun und radeln nun durch die beschauliche Inzeller Moorfilzen in südliche Richtung. An der großen Lupe können wir die Räder abstellen und absperren. Von hier ist ein Abstecher auf den Moorlehrpfad nur zu Fuß möglich. In Niederachen sind wir dann bereits wieder zurück in Inzell. Wer möchte, wirft noch einen Blick in die wunderschöne kleine Kirche Zu unserer Lieben Frau. Eine Wallfahrt zum Kirchlein, dessen Neubau 1596 geweiht wurde, war seit Mitte des 15. Jahrhunderts im Gange. Nach links geht es auf die Schmelzer Straße. Sie bringt uns in die Ortsmitte von Inzell zurück. Nun peilen wir nur noch den Kirchturm an und haben den Ausgangspunkt schnell wieder erreicht.

Tipp

Der Moorerlebnispfad ist eine ca. fünf Kilometer lange Entdeckungsreise durch die Inzeller Filzen, eine der vielen Moorlandschaften des Chiemgaus, die sich nach der letzten Eiszeit gebildet haben. Es gibt zahlreiche Mitmachstationen zum Naturraum und der Entstehung des Moors.

AUF EINEN BLICK

Dauer: 1.30 Std. **Höhenmeter:** 100 Hm

Länge: 15,5 km **Schwierigkeit:** Leicht

Ausgangs-/Endpunkt: Inzell, Rathausplatz – **GPS:** 47.7629, 12.7480

Anfahrt: Pkw: Von München über die Salzburger Autobahn A 8, Ausfahrt Traunstein/Siegsdorf nehmen. In Richtung Süden über Siegsdorf nach Inzell. Der Rathausplatz liegt an der Kirche, dort stehen einige wenige Parkplätze zur Verfügung, mehr Parkraum gibt es an der Max-Eicher-Arena in der Reichenhaller Straße.
Bahn: Mit dem Zug keine Möglichkeit

Tourencharakter: Kurze, sonnige Rundtour mit nur wenig Steigungen, die überwiegend auf Rad- und Feldwegen und durch kleine Weiler verläuft

E-Bike-Ladestation: Inzell, Raiffeisenbank

Einkehr: Unterwegs im Gasthaus Schwarzenberg; im Anschluss bieten sich mehrere Möglichkeiten in der Ortsmitte von Inzell.

Information: inzell.de

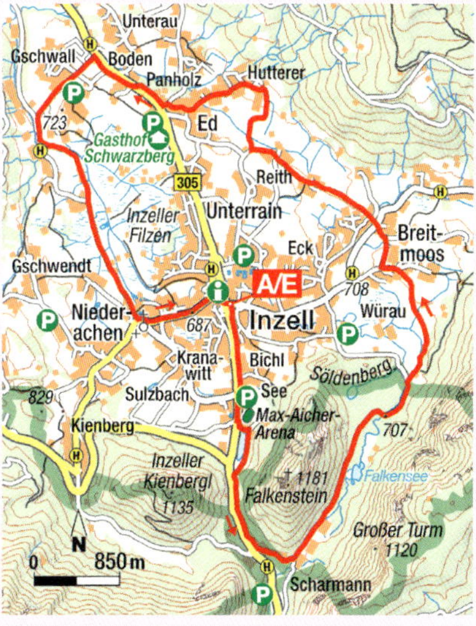

RUPERTIWINKEL

Morgenstimmung am Tachinger See

↑ Spiegelung am Höglwörther See ↓ Die Kirche steht Besuchern offen.

Tour

TOUR 20

der Stille

ALTE SCHLACKENHÖFE UND EIN KLOSTER

Um Teisendorf

Diese Tour führt durch bewirtschaftetes Bauernland, wie man es heute kaum mehr findet. Kleine Weiler und Dörfer, weite Felder und als Besonderheit die Schlackenhöfe sowie das wunderschöne, auf einer Halbinsel im gleichnamigen See gelegene Kloster Höglwörth.

Auf der Via Julia Wir starten in Teisendorf auf der Marktstraße und radeln in östlicher Richtung durchs Zentrum. An ihrem Ende biegen wir rechts in die Alte Reichenhaller Straße ein und folgen der Beschilderung »Via Julia« nach links. Gleich darauf passieren wir einen ersten Schlackenhof und nehmen am Hinweis nach »Wörlach« links die Roßdorfer Straße. Stets auf der Via Julia bleibend, geht es in Grubenhaus rechts. Wir unterqueren die B 304 und wenden uns erst links, dann rechts und erreichen Roßdorf.

Nach Vachenlueg Auf einer Nebenstraße erreichen wir die ersten Häuser von Vachenlueg, hier biegen wir rechts ein und schalten gleich einmal ein paar Gänge herunter. Steil geht es nun aufwärts – glücklich, wer ein E-Bike hat. Vorher lässt sich mit einem Abstecher nach links noch die kleine Wallfahrtskirche am einstigen Schloss von Vachenlueg besichtigen. Die Burg Vachenlueg wurde erst 1414 von den Haunsperger Rittern erbaut. Sie stammten aus dem niederen Adel, die Burg war wohl nicht viel mehr als ein befestigter Bauernhof. Im 17. Jahrhundert baute man sie zum Schloss um. Später verfiel das Gebäude und nach einem Erdrutsch sind heute von der alten Herrlichkeit nur noch ein paar Steinreste zu sehen. Die hübsche Kapelle mit dem Gnadenbild einer Schwarzen Madonna steht jedoch offen.

Alles andere als flach Derweil rackern sich die Radler an der steilen Auffahrt ab. Versüßt wird das Ganze zumindest mit einer schönen Aussicht

»Das Glück wohnt nicht im Besitz
und nicht im Gold, das Glücksgefühl
ist in der Seele zu Hause.«

Demokrit

nach Osten. Salzburg unter dem Gaisberg, den man an seinen großen Antennen leicht erkennt, lässt sich erahnen. Die Festung Hohensalzburg ist mit bloßem Auge zu erkennen. Der Steinhögl ist der Ausläufer eines lang gezogenen Höhenrückens, der an der Saalach beginnt und hier endet. Er ist, ähnlich wie die Ratzinger Höhe, ein Relikt der vorletzten Eiszeit. Schließlich haben wir es geschafft und radeln leicht abwärts an Steinhögl vorbei. An der Weggabelung hinter Barmbichl folgen wir links dem Froschsymbol, das eigentlich für eine Rupertigauer Moor- und Moostour Pate steht. So erreichen wir Anger, den kleinen Ort mit seinem markanten Kirchturm. Im Ortskern halten wir uns rechts und fahren um die Kirche herum zum großen grünen Dorfplatz, der als größter Dorfplatz in Bayern gilt. An seinem Ende beginnt der Klosterweg, dem wir ortsauswärts folgen.

Halbinsel Höglwörth Der Weg bringt uns direkt zum Kloster Höglwörth, das sich malerisch im gleichnamigen See spiegelt. Höglwörth war eines der ältesten Klöster im Rupertiwinkel, gegründet wohl im 9. oder 10. Jahrhundert vor dem Einfall der Ungarn. Es gehörte zu den zahlreichen Kleinklöstern, die überall verstreut lagen. Sie waren zwar durchaus lebensfähig, standen aber in ihrer Bedeutung St. Peter in Salzburg oder Rott am Inn weit nach. Höglwörth war Augustinerchorherrenstift und wurde erst 1817 auf eigenen Antrag säkularisiert. Am Hochaltar der Klosterkirche, die heute Filialkirche der Pfarrei Anger ist, findet sich Weltkunst. Das virtuos gemalte Bild von der Verklärung Jesu am Berg Tabor von Francesco Vanni aus Siena stammt aus der Zeit um 1600. Berühmt ist auch das Heilige Grab, das alle drei Jahre zu Ostern aufgestellt wird. Dann werfen viele bunte, mit Wasser gefüllte Kugeln ein magisches Licht in den Kirchenraum. Die Klostergebäude wurden

↑ **Sanfte Hügel bestimmen den Rupertiwinkel.**
↓ **Radwege bei Anger**
→ **Üppiger Blumenschmuck an einem Hof in Seeleiten**

↑ **Charakteristische Optik eines Schlackenhauses in Teisendorf**

nach der Säkularisation von der Brauersfamilie Wieninger aus Teisendorf erworben und dienen als private Wohnung. Ganz in der Nähe steht der Klosterbräu, der, wie sollte es anders sein, auch Wieninger Bier ausschenkt. Er eignet sich bestens für einen Biergartenstopp.

Zurück nach Teisendorf Vom Kloster radeln wir weiter am Parkplatz vorbei auf dem Mooshäuslweg. Am Rand von Wald und Moorwiesen geht es über Zellberg, dort rechts zum einsamen Haus Ramsau und danach immer weiter auf der kleinen Straße nach Norden. Wir fahren unter der Bundesstraße hindurch und können dahinter noch einen Badestopp im Teisendorfer Freibad einlegen. Stets geradeaus in Fahrtrichtung dauert es nicht mehr lang, und wir sind in der Ortsmitte am Ausgangspunkt zurück.

Tipp

Die Tour führt an etlichen Bauernhäusern vorbei, die aus seltsam anmutenden Blocksteinen gebaut sind. Diese Schlackensteine fielen bei der Eisenverhüttung in der Maxhütte (siehe Tour 10) in großer Menge an. Die Hochofenschlacke besitzt durch feine Gaseinschlüsse gute Dämmeigenschaften.

AUF EINEN BLICK

Dauer: 1.50 Std. **Höhenmeter:** 100 Hm

Länge: 17 km **Schwierigkeit:** Leicht

Ausgangs-/Endpunkt: Teisendorf, Marktstraße – **GPS:** 47.849700,12.822255

Anfahrt: **Pkw:** Auf der A 8 Richtung Salzburg Ausfahrt Neukirchen nehmen und weiter auf der Landstraße nach Teisendorf. Um den Ort führt die B 304. Parkplätze am Bahnhof oder rund um die Marktstraße.
Bahn: Nahverkehrszüge erreichen Teisendorf ab Traunstein in nur 10 Minuten.

Tourencharakter: Rundtour überwiegend auf Radwegen und kleinen Nebenstraßen mit einer wirklich saftigen Steigung. Badesachen nicht vergessen!

E-Bike-Ladestation: Unterwegs keine

Einkehr: Mehrere gute Gaststätten vor allem am Kloster Höglwörth oder in Teisendorf. Am Strandbad des idyllischen Höglwörther Sees wartet ein cooles Seebistro mit Snacks für den kleinen Hunger.

Information: teisendorf.de

↑ Ruderboote warten am Seedamm auf Gäste. ↓ Maria am Mühlberg

DIE PERFEKTE BADE-RADL-TOUR

Tour für die Sinne
TOUR 21

Rund um den Waginger See

Der Waginger See ist einer der wärmsten Badeseen Oberbayerns. Wir radeln durch das Herzstück des Rupertiwinkels und genießen fantastische Aussichten auf die Berge. Die Fahrt lohnt auch im Frühjahr durch Löwenzahnwiesen und durch buntes Herbstlaub im Oktober.

Gaden und sein Kirchlein Ausgangspunkt unserer Rundtour um den Waginger See ist die Touristinfo Waging in der Salzburger Straße beim Bajuwaren-Museum. Dessen Besuch merken wir uns für das Ende der Radtour vor. Zu Beginn radeln wir auf der Salzburger Straße Richtung Osten zur Umgehungsstraße. Diese unterqueren wir und erreichen nach rechts zuerst den Weiler Egg und dann das kleine Dorf Gaden mit seiner interessanten Kirche, die dem Schutzheiligen des Rupertiwinkels, dem Heiligen Rupert, geweiht ist. Es ist das älteste Gotteshaus am See, seine Mauern reichen bis ins 12. Jahrhundert zurück. In seinem Inneren findet sich ein zartes gotisches Rippengewölbe.

Um den See Von Gaden fahren wir kurz abwärts zur Staatsstraße. Der Radweg auf der anderen Straßenseite bringt uns mehr oder weniger dicht am Seeufer entlang über Musbach und das Strandbad »Salzachinsel« zum Seeberg, einem großen Bauernhof links neben der Straße. Hier zweigt links ein Feldweg ab, der uns zuerst durch einen Wald und dann über die Felder, einmal links fahrend, in das Dorf Petting leitet. Wir erreichen Petting am nördlichen Ende und wenden uns auf der Seestraße nach links. Dabei überqueren wir die Götzinger Achen.

Panoramatour Der Radweg neben der Straße führt uns leicht ansteigend in einem Linksbogen nach Kühnhausen. Kurz hinter dem Ort biegen wir

»Die Zeit ist schnell,
noch schneller ist das Schicksal;
wer feig' des einen Tages Glück versäumt,
er holt's nicht ein,
und wenn ihn Blitze trügen.«

Theodor Körner

links ab, um auf dem Buchenweg mit etwas Abstand zur großen Straße und dem See entlang des Ostufers zu radeln. Die großartige Aussicht über die Moränenhügel auf die Berge ist einmalig. Als Orientierungshilfe kann man im Osten den Gaisberg bei Salzburg mit seinen Antennen zur Hilfe nehmen, dann reihen sich das Tennengebirge, das Salzachtal, der Rücken des Untersbergs, Hochstaufen, Hochfelln und Hochgern und schließlich im Südwesten die gezackte Kampenwand aneinander. Ehrlicherweise muss man zugeben, dass das Panorama etwas weiter oberhalb, vom Radweg entlang der Bundesstraße aus, noch besser ist, aber wir radeln glücklicher ohne Autoverkehr. Außerdem nähern wir uns nun schon wieder der Straße. An den Bauernhöfen Kronwitt touchieren wir sie kurz, biegen aber sofort wieder schräg links ein und rollen bergab.

Nach Tettenhausen und über den Seedamm Immer in Fahrtrichtung erreichen wir gleich darauf aufwärts in einem Linksbogen Wolkersdorf. Jetzt nähern wir uns erneut dem See, das leichte Auf und Ab setzt sich dabei fort. Am Campingplatz Gut Horn wendet sich der Radweg nach rechts, und nur wenige Felder trennen uns noch von Tettenhausen. Hier lohnt eine Einkehr oder eine Badepause im Strandbad. Außerdem kann man sich Ruder- und Tretboote ausleihen. Nach der Rast queren wir auf dem Seedamm die Engstelle zwischen dem Tachinger See und dem Waginger See. Das Wasser schimmert türkisblau und erinnert mit den kleinen Segelbooten und ihren weißen Segeln an mediterrane Gefilde. So und nicht anders sollte sich ein glücklicher Radltag anfühlen!

Waginger Strandbad Wir folgen dem Radweg neben der Straße, der kurz darauf die Staatsstraße unterquert. Wer möchte, kann hier rechts zur nächsten Runde ansetzen (siehe Tour 22) und da-

↑ **Strandbad in Tettenhausen**
↓ **Waging mit der St.-Martins-Kirche**
→ **Pavillon an der Kurpromenade**

↑ **Rund um das Strandkurhaus gibt es auch Bademöglichkeiten.**

mit eine »Acht« radeln. Wir wollen jedoch den Nachmittag gemütlich im nächsten Strandbad ausklingen lassen und wählen deshalb den Radweg links neben der Autostraße her. Am Strandbad Seeteufel unterqueren wir sie erneut und radeln durch ein Wäldchen nach Fisching. Die Kurhausstraße bringt uns zur Strandbadallee, der wir links abwärts zum Strandkurhaus folgen. So bleibt genügend Zeit um einzukehren, um zu schwimmen oder einfach das bunte Treiben der vielen Sommerfrischler zu beobachten. Zurück nach Waging folgen wir wieder der Strandbadallee. Hier ließe sich ein kurzer Abstecher nach rechts zu einem nachgebauten Bajuwarenhaus im Waginger Kurpark einlegen. Zu guter Letzt erreichen wir mit dem Bajuwaren-Museum den Ausgangspunkt der Tour. Es lohnt sich jedoch, die Fahrt noch für wenige Hundert Meter zum Dorfkern von Waging fortzusetzen.

Tipp

Waging wurde in bajuwarischer Zeit gegründet und lag an der Salzstraße von Reichenhall nach Wasserburg. Vom einstigen Reichtum künden die Stuckausstattung der Pfarrkirche St. Martin und die prachtvollen Häuser in der Ortsmitte. Heute lebt die Stadt vornehmlich vom Tourismus.

AUF EINEN BLICK

Dauer: 2 Std. **Höhenmeter:** 100 Hm

Länge: 22 km **Schwierigkeit:** Leicht

Ausgangs-/Endpunkt: Waging, Touristinfo – **GPS:** 47.9341, 12.7374

Anfahrt: Pkw: Von München auf der A 8 Richtung Salzburg, Ausfahrt Traunstein, Fahrt über Traunstein zum Waginger See, gebührenpflichtige Parkplätze stehen im Ort zur Verfügung. Die Touristinfo liegt in der Salzburger Str. 32.
Bahn: Waging ist die Endhaltestelle der Bahnverbindung von Traunstein.

Tourencharakter: Schöne Rundtour fast ausschließlich auf gut ausgeschilderten Radwegen und wenig befahrenen Nebenstrecken, die im leichten Auf und Ab um den See führen. Im Sommer relativ viele Badegäste

E-Bike-Ladestation: Waging, Touristinfo

Einkehr: Eine tolle Aussicht eröffnet sich im Strandbad von Tettenhausen von der Seeterrasse aus.

Information: waging-am-see.de

↑ St. Coloman liegt auf einem Hügel. ↓ Aussicht über den Tachinger See

ZWISCHEN PICKNICKPLATZ UND BADESPASS

Tour für den Genuss
TOUR 22

Die Tachinger-See-Runde

Der Waginger und der Tachinger See liegen herrlich eingebettet in hügeliger Landschaft mitten im Rupertiwinkel. Zusammen sind sie zwölf Kilometer lang. Hießen sie früher meist nur Tachensee, hat sich heute der Begriff Waginger See für beide Gewässer durchgesetzt.

Durch die Strandbadallee Ausgangspunkt unserer Rundtour ist wieder die Touristinformation von Waging in der Salzburger Straße direkt beim Bajuwaren-Museum. Schräg gegenüber starten wir in die Strandbadallee, die uns, wie der Name schon verrät, am Kurpark vorbei aus Waging heraus und abwärts in Richtung Waginger See und Strandbad führt. Wer möchte, radelt geradeaus bis zum Strandbad und wirft zumindest einen Blick auf die schön angelegte Uferpromenade mit ihrem Pavillon und dem bekannten Restaurant. Für unsere Rundtour halten wir uns jedoch kurz vor dem großen Campingplatz und dem Tenniscamp samt Wellnessgarten links und folgen der Radwegbeschilderung nach Tettenhausen.

Nach Norden Auf der Kurhausstraße geht es durch den Ortsteil Fisching zum Strandbad Seeteufel. Dort queren wir die größere Autostraße, auf der wir auf einem abgetrennten Radweg nach rechts weiterfahren. Stets leicht aufwärtsradelnd werden wir mit den ersten Aussichten über den See belohnt. Die Abzweigung nach Tettenhausen ignorieren wir, bleiben in Richtung Norden und gelangen über Untertaching nach Taching. Wieder locken Abstecher zum Seebad der Gemeinde. Auf dem weiteren Weg nach Norden bleibt uns das fantastische Panorama erhalten, und wir freuen uns über die Aussicht auf das glitzernde Wasser des Tachinger Sees. Vorbei an einigen Wegkapellen erreichen wir schließlich Tengling, wo man sich noch mit einer Last-Minute-Brotzeit fürs Picknick eindecken kann (siehe Tipp).

»Unser Glück ist unmöglich
ohne das Glück der anderen.«

Nikolai Gawrilowitsch Tschernyschewski

Perfekter Picknickplatz In Tengling biegen wir rechts in die Seestraße ein, passieren die erfrischende Kneippanlage im Tenglinger Bach und folgen am Ortsende links der kleineren Straße leicht bergauf, die uns, nach zwei erneuten Wendungen nach rechts, zum Kirchlein St. Coloman bringt. Dort stellen wir die Räder ab und wandern um das Gotteshaus herum. Vor uns liegt eines der schönsten Brotzeitplatzerl im Rupertiwinkel. Jetzt Räder abstellen und die Picknickdecke auspacken! Man sitzt hoch über dem Nordende des Sees und blickt auf die weite Alpenkette, davor breitet sich eine Streuobstwiese. Nicht zu vergessen: Das hübsche Kirchlein selbst, bei dem man durch ein Gitter auf der Westseite in den Innenraum schauen kann, lohnt die Betrachtung. Das kleine Gotteshaus ist eine Wallfahrtskirche aus dem 15. Jahrhundert mit einem überaus schönen spätgotischen Flügelaltar. In seinem Zentrum wird Maria von den Heiligen Coloman und Jakobus flankiert – die Kirche liegt an einem uralten Jakobsweg.

Auf nach Tettenhausen Nach der Panorama-Rast rollen wir entweder die steile Strecke hinunter auf die bereits sichtbare untere Straße. Alternativ radeln wir ein Stück zurück und biegen dann schräg links ein, da ist es nicht ganz so steil. Wer möchte, kann unterhalb der Kirche ans Seeufer fahren, dort gibt es eine weitere schöne Badestelle. Ansonsten setzen wir auf der kleinen Straße die Umrundung fort. Wir passieren die Abzweigung nach Gessenhauen und radeln in den Wald. Jetzt sind wir schon auf der Ostseite des Tachinger Sees angelangt, auch wenn wir ihn nicht zu Gesicht bekommen. Erst kurz vor dem Weiler Bicheln hat uns die Sonne wieder. Über Felder sausen wir, uns gleich danach rechts haltend, mit traumhaften Fernsichten auf die Chiemgauer und Berchtesgadener Alpen bergab nach Tettenhausen.

← **Im Frühjahr blühen die Apfelbäume der Streuobstwiesen rund um den See.**
→ **Aufwendiges Bundwerk zeigt die hohe Handwerkskunst der Zimmerer.**

↑ Am frühen Morgen liegt der See vollkommen still da.

Auf dem Seedamm Wir treffen auf die Hauptstraße und folgen ihr nach rechts abwärts zum Wasser. Hier wartet noch einmal ein Strandbad auf uns, ideal für einen Badestopp. Auch die Einkehr im Boadwirt, der direkt am Wasser liegt, lockt. Dann queren wir auf dem Seedamm die Engstelle zwischen dem Tachinger See und dem Waginger See und radeln über die Landzunge zurück zur Straße, die wir vom Hinweg bereits kennen. Als Alternative zum Hinweg und weil wir nun wahrscheinlich schon oft genug beim Baden waren, ließe sich diesmal, noch vor der Überquerung zum Strandbad Seeteufel, der rechte Abzweig nehmen. Die Seestraße bringt uns über die Felder in die Ortsmitte von Waging zurück, wo vielleicht noch Zeit bleibt, das Bajuwaren-Museum (siehe Tour 21) zu besuchen.

Tipp

Proviant für das perfekte Picknick verkauft in Waging die Käserei Bergader am Marktplatz/Ecke Postgasse. Wer's deftiger mag, findet gegenüber Perschl's Wurstladl. Für Kurzentschlossene bietet sich in Tengling die Bäckerei in der Dorfstraße an oder der nahe Dorfladen.

AUF EINEN BLICK

Dauer: 2 Std. **Höhenmeter:** 100 Hm

Länge: 20 km **Schwierigkeit:** Leicht

Ausgangs-/Endpunkt: Waging, Touristinfo – **GPS:** 47.9341, 12.7374

Anfahrt: **Pkw:** Von München auf der A 8 Richtung Salzburg, Ausfahrt Traunstein, Fahrt über Traunstein zum Waginger See, zum Teil gebührenpflichtige Parkplätze im Ort vorhanden. Die Touristinfo liegt in der Salzburger Str. 32.
Bahn: Waging ist Endhaltestelle der Bahnverbindung von Traunstein.

Tourencharakter: Schöne Rundtour, die im leichten Auf und Ab um den See führt. Badesachen nicht vergessen!

E-Bike-Ladestation: Waging, Touristinformation

Einkehr: Tolle Aussicht von der Seeterrasse hat man in Tettenhausen am Strandbad. In Waging bieten sich zahlreiche Möglichkeiten, in gemütlichen Gaststuben oder im Biergarten gut und regionaltypisch zu speisen.

Information: waging-am-see.de

↑ Burghausener Burg über dem Wörthsee ↓ Burghausen an der Salzach

Tour
TOUR 23
mit Kultur

ZWEI BURGEN AN EINEM FLUSS

Von Burghausen nach Tittmoning

Viel zu sehen gibt es auf dieser Rundtour: zwei Städte, jeweils bekrönt von einer Burg, und ein Kloster. Der Hinweg führt durch abwechslungsreiches Hügelland mit gleich zwei Badeseen, der Rückweg entlang der wilden Flusslandschaft der Salzach.

Zum Kloster Raitenhaslach Wir starten am Stadtplatz von Burghausen und radeln am Salzachufer flussaufwärts. Nach etwa sechs Kilometern führt uns ein Hohlweg hinauf zur ehemaligen Prämonstratenserabtei Raitenhaslach. Nicht nur der Biergarten ist einen Besuch wert, sondern auch die barocke Klosterkirche mit ihren reichen Deckenfresken. In die Klostergebäude ist die Technische Universität München eingezogen.

Über den Salzhandelsweg Wir verlassen das Klostergelände auf der vom Biergarten aus gesehen linken Straße und fahren den Berg etwas aufwärts. Nach dem Sportplatz biegen wir an der ersten Kreuzung rechts ein und radeln aufwärts zur Bundesstraße B 20. Etwas nach links versetzt nehmen wir die schmale Straße rechts, kommen durch Oberhadermark und treffen bei einem Wartehäuschen auf die Markierung des Salzhandelswegs, dem wir bis Tittmoning folgen werden. Entlang der Bahnlinie Altötting–Burghausen erreichen wir Pirach. Vor der Bahnschranke fahren wir über die Hauptstraße und dann auf »unserer« Seite der Bahn noch knapp 300 Meter weiter. Dann geht es links nach Irlhaid, wo wir links in die größere Straße einbiegen. Wir überqueren die Straße nach Trostberg und biegen am Ende von Gattern rechts Richtung des kleinen Weilers Dorfen ab.

Altes Grenzgebiet Kurz vor Dorfen treffen wir auf eine Querstraße, halten uns links und erreichen Asten. Vorher passieren wir noch die ehemalige

»Lerne nur das Glück ergreifen,
denn das Glück ist immer da.«

Johann Wolfgang von Goethe

Grenze zwischen Bayern und dem Fürstbistum Salzburg. Man kann sich nicht mehr vorstellen, dass hier einmal ein Schlagbaum stand und Beamte auf beiden Seiten darauf achteten, dass kein Unbefugter die Grenze überschritt. In Asten sollte man nicht vergessen, einen Blick in die Kirche zu werfen. Am Hochaltar steht eine wunderschöne Madonna aus dem späten 15. Jahrhundert.

Auf nach Tittmoning Am Ortsausgang von Asten halten wir uns links, fahren am Astener Moorsee (mit Bademöglichkeit) vorbei zum Dörfchen Laufing. Hier biegen wir rechts von der Straße ab und folgen stets den Schildern des Salzhandelswegs. Er führt uns im großen Bogen um den Leitgeringer See (auch er mit einigen Badestellen) herum nach Diepling, einem Bauernhof auf der anderen Seite der großen Querstraße. Wir fahren geradeaus am Hof vorbei einen knappen Kilometer zur Straße nach Tittmoning. Dort beginnt ein Radweg, der uns durch ein Neubaugebiet führt. Kurz nach der Allee, die von rechts auf unsere Straße trifft, biegen wir links in den Wald ein. Dem Weg folgend erreichen wir die Wallfahrtskirche Maria Brunn. Ihr aufwendiger Hochaltar birgt eine barocke Muttergottes mit dem Jesuskind auf dem Arm. Das Quellwasser, das auf der Rückseite der Kirche zutage tritt, soll gegen Augenleiden helfen. Kurz darauf stehen wir vor der trutzigen Burg von Tittmoning, fast 400 Meter hoch gelegen, die vermutlich auf das 12. Jahrhundert zurückgeht. Nach links geht es auf der Fahrstraße steil abwärts zur Altstadt.

Die Flussauen der Salzach Der Rückweg ist sehr einfach: Er beginnt am Stadtplatz von Tittmoning; danach fahren wir durch das Burghauser Tor und biegen rechts Richtung Salzach ab. Vor der Brücke geht es zuerst nach rechts,

← **Kirche des Klosters Raitenhaslach**
→ **Der Storchenbrunnen ist ein Wahrzeichen Tittmonings.**

Am Burghausener Stadtplatz erkennt man die Inn-Salzach-Bauweise.

dann unter der Brücke durch auf den Weg neben dem Damm. Der Untergrund ist zuerst noch gut mit Tourenrädern befahrbar. Dann kommt eine kurze Stelle, an der man vielleicht schieben muss. Doch die Mühe lohnt sich, es geht durch einen wilden Auwald mit uralten Weiden und Erlen. Immer wieder öffnen sich Schneisen zum Fluss hin und geben den Blick auf die Salzach mit ihren Kiesbänken frei. Knapp sechs Kilometer nach der Brücke, wir sind schon lange wieder auf einem gut zu fahrenden Weg, kommen wir wieder an die alte Grenze zwischen Bayern und Salzburg. Ein Schild weist uns ein Stück den Hang hinauf, dort steht noch der Grenzstein von 1721 und erzählt von den alten Machtverhältnissen. Wir radeln weiter und erreichen an Raitenhaslach vorbei wieder Burghausen mit seinem schönen Stadtplatz, den bunte Häuser in typischer Inn-Salzach-Bauweise säumen.

Tipp

Aufstieg, Niedergang und erneuter Aufstieg, so ließe sich das Schicksal von Burghausen und Tittmoning seit 1000 Jahren beschreiben. Der Salztransport auf der Salzach sorgte für Reichtum, die Eisenbahn setzte dem ein Ende. Heute sind beide behutsam sanierten Städte wahre Schmuckkästchen.

AUF EINEN BLICK

Dauer: 4 Std. **Höhenmeter:** 400 Hm

Länge: 42 km **Schwierigkeit:** Schwer

Ausgangs-/Endpunkt: Burghausen, Stadtplatz – **GPS:** 47.1591, 12.8332

Anfahrt: **Pkw:** Autobahn A 94 bzw. Bundesstraße B 12 München-Passau Ausfahrt Marktl/Burghausen in die Altstadt von Burghausen. Tiefgarage unterm Stadtplatz; schattiger Parkplatz am Pulverturm (Parkplatz »Finanzamt«).
Bahn: Ab München über Mühldorf nach Burghausen

Tourencharakter: Schöne Rundtour auf Nebenstraßen oder Radwegen, aber auch ungeteerte Passagen. Bei Hochwasser wird der Salzachdamm überspült, dann ist die Radtour nicht möglich. Vorher bei der Information erfragen.

E-Bike-Ladestation: Burghausen, Stadtplatz, vor Hotel Post; Raithenhaslach, Klosterhof; Asten, Trachtengeschäft Winkelbauer

Einkehr: In Burghausen und unterwegs gibt es gute Möglichkeiten einzukehren. In Tittmoning ist der Braugasthof am Stadtplatz eine Empfehlung.

Information: burghausen.de

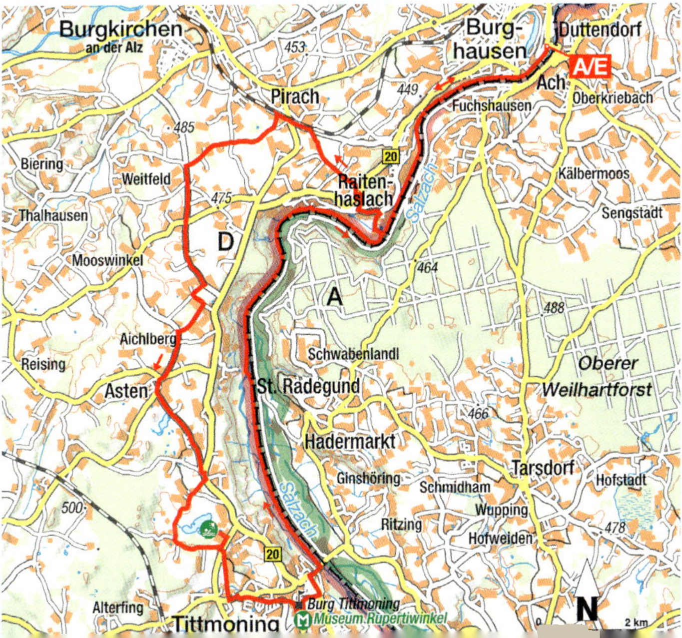

Heiliger Rupert von F. Koller vor der Stiftskirche in Laufen

DURCH DEN MALERISCHEN RUPERTIWINKEL

Tour für den Genuss
TOUR 24

Ab Laufen über Schönram

Von der Salzach radeln wir hinein in den Rupertiwinkel und besuchen ein kleines Traktorenmuseum, eine Dorfbrauerei und ein Moor, in dem sich die Natur in all ihrer Vielfalt zeigt. Laufen als Ausgangs- und Endpunkt empfiehlt sich zudem für eine Stadtbesichtigung.

Grüne Landschaften Wir beginnen unsere Fahrt am Oberen Tor von Laufen und radeln die Tittmoninger Straße stadtauswärts. Nach etwa 300 Metern biegen wir links in die Teisendorfer Straße ein. Wir überqueren die Bahn und nehmen kurz danach rechts die Lindenstraße, die uns nach Biburg bringt. Wir fahren durch das Gestüt Biburg und gelangen an Pfaffing vorbei zu einer breiteren Straße. Auf ihr geht es nach rechts, weiter über landwirtschaftliche Felder zur Abzweigung nach Pölln. Kurz darauf stehen wir im Weiler Hof mit seinem privaten Museum. In einer eigens dafür errichteten 50 Meter langen Scheune stehen mehrere Dutzend alte Traktoren und andere bäuerliche Großgeräte wie Dreschmaschinen, Dampflokomobile, Heuwender, Pflüge, Eggen und vieles andere mehr. Das Bauernhofmuseum, das aus einer privaten Initiative heraus entstanden ist, hat in den Sommermonaten von Mittwoch bis Samstag geöffnet.

Reiches Bundwerk Von Hof aus fahren wir entlang des Rodingbachs weiter nach Kirchanschöring. Dort sticht einem das Rathaus besonders ins Auge, das von der Ostseite wie ein wunderschön mit Blumen geschmückter Bauernhof aussieht, von der Gegenseite wie ein moderner, aber architektonisch stimmig gestalteter Zweckbau. Wer Hunger hat, kann etwas weiter in der Ortsmitte beim Saliterwirt einkehren. Ansonsten biegen wir noch vor dem Rathaus links ab, radeln nach der Bahnunterquerung durch Voglaich und kommen nach Güßhübel, einem mächtigen Einödhof hoch oben auf einem Hügel. Hier geht es nach rechts über Milzham nach Frohnholzen. Direkt an der Straße steht ein Bauernhof. Seine Scheune mit kunstvollem Bundwerk wurde erst vor wenigen Jahren erbaut. Hier wird eine Tradition fortgesetzt, die in der Mitte des 19. Jahrhunderts ihre Blüte hatte und vor allem im Chiemgau und im Rupertiwinkel enorme Verbreitung gefunden hat.

Spannendes Naturwaldreservat In Frohnholzen radeln wir etwas links versetzt weiter und erreichen vorbei an einigen Weilern nach knapp zwei Kilometern eine Querstraße, auf der wir nach links aufwärts einen Wald durchqueren. An seinem Rand führt uns rechts ein Weg mit einem etwas ungewöhnlichen Profil in den Wald: Er ist wie ein Damm aufgeschüttet. Die Beobachtung trügt durchaus nicht – hier verlief bis 1950 der Damm einer Feldbahn, mit der Torf aus dem Schönramer Filz abtransportiert wurde. Die Heidefläche war bis um 1850 ein intaktes Hochmoor, das zunächst durch Gräben entwässert wurde, um es anschließend aufzuforsten. Ab 1920 wurde hier systematisch Torf als Brennmaterial abgebaut und über eine Torfeisenbahn aus dem Moorgebiet gebracht. Erst 1998 stellte man den Abbau ein. Wir fahren einen guten Kilometer auf dem Dammweg, dann erreichen wir einen Wanderparkplatz. Hier führt uns ein schmaler Weg nach rechts direkt in das Moorgebiet. Auf diesem Weg, er biegt später scharf links ab, lohnt es sich, vom Fahrrad abzusteigen und zu Fuß loszuziehen. Auf dem drei Kilometer langen Moorerlebnisweg kann man in aller Ruhe die artenreiche Vegetation, die in diesem Naturraum wächst, beobachten. So findet man u.a. den Sonnentau, eine fleischfressende Pflanze, die selten, aber typisch für die nährstoffarme Torffläche ist. Dazu kommen noch einige Wasser-

← **Bauernhofmuseum in Hof bei Kirchanschöring**

↑ **Im Schönramer Moor bitte unbedingt auf den ausgewiesenen Radwegen bleiben!**

vögel und natürlich viele Schmetterlinge und Libellen. Es gibt Sitzbänke, beispielsweise an der großen Wasserfläche, die sich hervorragend als Picknickplatz eignen, sofern man seine Brotzeit mitgebracht hat. So viel Naturidylle bringt unsere Glückshormone auf Trab – definitiv!

Die Dorfbrauerei Nachdem wir den Schönramer Filz verlassen haben, kommen wir an eine Autostraße, auf der wir nach rechts weiterradeln, um kurz darauf den kleinen Ort Schönram mit seiner Dorfbrauerei und dem dazugehörigen Bräustüberl zu erreichen. Spätestens jetzt ist der Zeitpunkt gekommen, sich eine ausgiebige Rast zu genehmigen. Drinnen sitzt man urgemütlich im Gewölbe, aber es gibt auch Plätze im Freien.

Sommerlicher Badespaß Von Schönram fahren wir auf der Autostraße etwas mehr als zwei Kilometer in südöstlicher Richtung nach Mooswastl und biegen dort links ab. Ein Feldweg bringt uns hinauf zum Hof Spitzer. Die Aussicht von hier oben auf die Berge um Berchtesgaden, auf den Untersberg und die Chiemgauer Berge über dem Högl, einem Höhenzug bei Anger, ist einmalig schön. Das Kirchlein, das so markant am gegenüberliegenden Hügel steht, ist Mariä Himmelfahrt in Weildorf. Heute gehört der

»Alles bewegt sich fort, und nichts bleibt.«

Heraklit von Ephesos

Ort zur Gemeinde Teisenberg. Von Spitzer aus geht es wieder abwärts nach Schign und am Ortseingang bei der Kapelle mit den Bauernheiligen Notburga, Isidor und Bruder Konrad nach links über die Felder nach Moosen mit der kleinen Vituskirche, die bis in gotische Zeit zurückreicht. In Moosen halten wir uns links Richtung Abtsdorfer See. Er wird auf vielen Schildern umgangssprachlich nur Abtsee genannt. Auf unserer Fahrt rollen wir wieder durch ein Waldstück und erreichen dann eine Querstraße. Wir fahren nach links, halten uns an den Weggabelungen jeweils rechts und treffen hinter dem Hof Haarmoos auf eine weitere Querstraße. Dieser folgen wir nun schnurgerade nach links durch das Haarmoos. An der nächsten Fahrstraße geht es nach rechts hinauf nach Leobendorf. Noch vor der Ortsmitte biegen wir rechts ab und radeln auf der Seebadstraße zum Abtsdorfer See hinunter. Zum krönenden Abschluss der Tour kann man hier im Sommer ins Wasser springen, an den Parkplätzen gibt es einen großen Badeplatz.

Zeit für Laufen Nach dem Badespaß geht es weiter in Fahrtrichtung und nach wenigen Pedalumdrehungen biegen wir links auf den Radweg ein, der parallel zur Autostraße über Oberheining zurück nach Laufen führt. Wir erreichen die Stadt auf der Abtsdorfer Straße, die wiederum in die Teisendorfer Straße übergeht. Diese Strecke kennen wir vom Hinweg, und so fällt es uns nicht schwer, zurück zum Oberen Tor zu finden. Jetzt ist hoffentlich noch Zeit für die Besichtigung der malerischen Stadt und ihrer imposanten Salzachbrücke. Beim Rundgang entdecken wir alte Handelshäuser, die vom einstigen Reichtum der Laufener Geschäftsleute erzählen. Interessant ist auch die Pfarrkirche Mariä Himmelfahrt, die als die größte gotische Hallenkirche Süddeutschlands gilt. Das künstlerische Highlight der Kirche ist wohl das Altarbild

↑ **Die prunkvolle Brücke führt nach Oberndorf im Salzburger Land.**
↓ **Startplatz ist Laufen an der Salzach.**
→ **Laufens historische Brücke stammt von 1903.**

↑ **Das Rathaus ist im ehemaligen Sappergut in Kirchanschöring untergebracht.**

des Rupertusaltars, von Johann Michael Rottmayr geschaffen. 1654 in Laufen geboren, verlebte er seine wichtigsten schöpferischen Jahre in Wien. Rottmayrs zahlreiche Bilder machten den Barock so populär, dass ein richtiger Volksstil daraus wurde, der im gesamten süddeutschen Raum die Kunst mehr als ein Jahrhundert lang bestimmte. Rottmayr starb 1730 in Wien, zu seinen wichtigsten Werken gehört die Ausgestaltung der Stiftskirche Melk in Niederösterreich. Den Laufener Hochaltar schuf Rottmayr 1691 – was für eine Entdeckung! Um das Glück perfekt zu machen, sucht man sich einen Platz am langen Salzachufer und blickt über den Fluss hinüber nach Österreich. Es ist herrlich, das fließende Wasser zu beobachten, und auch ein paar Möwen ziehen ihre Kreise – es ist eindeutig: Städte an Flüssen sind einfach immer Glücksbringer!

Tipp

Laufen liegt in einer Flussschleife und lebte über 1000 Jahre lang recht gut vom Salztransport nach Norden. Mit dem Aufkommen der Eisenbahn fiel Laufen in einen Dornröschenschlaf, aus dem es erst durch den Fremdenverkehr und den Wegfall der Grenzkontrollen erweckt wurde.

AUF EINEN BLICK

Dauer: 3.15 Std. **Höhenmeter:** 300 Hm

Länge: 37 km **Schwierigkeit:** Mittel

Ausgangs-/Endpunkt: Laufen, Oberes Tor – **GPS:** 47.9385, 12.9360

Anfahrt: **Pkw:** Autobahn A 8 München–Salzburg, Ausfahrt Neukirchen, über Oberteisendorf und Teisendorf nach Laufen. Kostenlos parken in der Tiefgarage am Briouder Platz.
Bahn: Laufen liegt auf der Strecke Freilassing–Berchtesgaden.

Tourencharakter: Schöne Rundtour, fast durchweg auf Nebenstraßen und ungeteerten Wegen mit tollen Ausblicken auf die Berchtesgadener Berge

E-Bike-Ladestation: Laufen vor dem Rathaus; in Schönram am Bräustüberl

Einkehr: Gaststätten in Kirchanschöring, Schönram und Leobendorf. Einen netten Biergarten gibt es am Bräustüberl Schönram, die Biere der zugehörigen Landbrauerei schmecken hervorragend.

Information: Tourismusinfo Laufen, stadtlaufen.de

↑ Im Ainringer Moor ↓ Der kleine Weiler Ainring

Tour für
TOUR 25
die Sinne

EISENBAHNWELTEN UND EIN NATURJUWEL

Von Freilassing ins Ainringer Moor

Der Salzachradweg wie auch eines der für das Chiemgau so typischen Moore erfreuen nicht nur Radfahrerinnen und Radfahrer, sondern stimmen bei dieser Tour auch Eisenbahnfans glücklich. Sie erleben die alte Torfbahn und das Eisenbahnmuseum von Freilassing.

Zum Salzachradweg Wir starten am erstaunlich großen Bahnhof. Freilassing ist Verkehrsknotenpunkt mehrerer Eisenbahnlinien. Auf der Bahnhofstraße radeln wir mit den Gleisen im Rücken nach links und queren dann die vielen Schienen. Auf der anderen Seite geht es für uns nach rechts in die Rupertusstraße, die über den Kreisverkehr hinweg zur Zollhäuslstraße wird. Diese führt uns zum Saalachufer, wo wir uns nach dem Gasthaus Zollhäusl rechts halten und unter der Bahnlinie hindurch auf den Saalachradweg fahren. Wir rollen nun ein Stück flussaufwärts und genießen das Panorama auf die nahen Berge.

Ainring Die Saalach bildet die Grenze zu Österreich, auf der anderen Seite liegen schon die Vororte von Salzburg. Wir erreichen den kleinen Fuß- und Radwegsteg, an dem wir jedoch rechts Richtung Ainring abbiegen, ohne die Staatsgrenzen zu überschreiten, auch wenn die Verlockung, schnell mal nach Salzburg zu radeln, groß ist. Der Siezenheimer Weg bringt uns zur Bundesstraße, die wir dank einer Unterführung sicher queren. Jetzt radeln wir schnurgerade nach Westen. Es geht durch die Vororte von Ainring, bis wir entlang der Salzburger Straße und der Straße Am Anger mit einer Rechts-links-Kurve die Ainringer Dorfstraße erreichen.

Hügeliger Rupertiwinkel Nun ist es erst einmal vorbei mit den flachen Radwegen. Wir folgen der ansteigenden Dorfstraße nach Süden. An der

»Um zu erfahren, in welcher Welt der Mensch wohnt,
muss man unbedingt einen Hügel erklimmen …
Hügel, Berge, Kirchtürme heben sich plastisch
vom Horizont ab, während ich mich
auf einem gerundeten Buckel ausruhe.«

Henry David Thoreau

T-Kreuzung halten wir uns rechts auf die Ulrichshögler Straße und passieren die malerische Laurentiuskirche. Wer ein E-Bike hat, ist nun klar im Vorteil, der Höhenzug belohnt mit ersten Aussichten. Nach den zwei Häusern von Mühlstatt biegen wir rechts ein und queren den Mühlstätter Bach. So kommen wir nach Ulrichshögl mit seiner Kirche und dem gleichnamigen Gasthaus, das wir mit einem Rechtsschwenk anfahren. Für eine Pause sind beide traumhaft gelegen.

Rund ums Moor Für die Weiterfahrt geht es die wenigen Meter zurück zur Straße, von der wir zur Kirche abgebogen sind, um in ursprünglicher Fahrtrichtung weiterzuradeln. In die Pedale muss nun niemand mehr treten, denn ohne großes Zutun rauschen wir den Berg hinunter. Hinter Rabling queren wir eine Autostraße und setzen auf der anderen Straßenseite nach links die Fahrt fort. Vorbei an Bach erreichen wir Thundorf, wo wir rechts Richtung Kirche einbiegen. Wir verlassen das Dorf nach Norden und halten uns am Neubaugebiet geradeaus. Die Straße schlägt einen Bogen um das große Ainringer Moos, das sich hinter den Bäumen zu unserer rechten Seite versteckt. Die meisten Wege, die näher ins Moos führen, sind reine Wanderwege und für Radler tabu. So erreichen wir die B 304 und folgen dem Radweg nach rechts.

Bike & Hike Nach wenigen Minuten sind wir am ehemaligen Torfwerk Mühlreit auf der anderen Seite. Wer das Ainringer Moos besuchen möchte, bleibt jedoch auf der südlichen Seite und biegt rechts ab. Wir folgen den Schienen der kleinen Torfbahn, die ins Moor führt. Ein kurzes Stück können wir noch radeln, dann lassen wir die Fahrräder stehen und gehen zu Fuß weiter. So erreichen wir die ehemalige Abbaufläche. Wunderschön sind die glitzernden Wasserflächen und das wogende Schilfgras,

↑ **Vom Ulrichshögl genießt man eine tolle Sicht.**
↓ **Moortreten ist inklusive.**
→ **Die Gleise der ehemaligen Torfbahn**

↑ **Das ehemalige Ainringer Torfwerk mit der Torfbahn**

das man am besten vom Beobachtungsturm aus genießt. Langsam erobert sich die Natur das Gebiet zurück, auch wenn die großen Wunden des industriellen Torfabbaus noch deutlich zu erkennen sind.

Ankunft in Freilassing Zurück an der Bundesstraße queren wir sie, einschließlich der gleich folgenden Eisenbahnlinie. Dahinter wenden wir uns nach rechts und erreichen Freilassing über die Haller Straße. Diese wird zur Westendstraße und führt uns zum Eisenbahnmuseum. Ein Besuch lohnt sich nicht nur für Zugfans. Viele Exponate aus 150 Jahren Eisenbahngeschichte werden gezeigt. Wer direkt zum Bahnhof zurückradeln möchte, folgt der Straße noch ein Stück und quert die Gleise auf dem Rupertussteg. Die Georg-Wrede-Straße bringt uns dann zum Bahnhof zurück.

Tipp

Das Ainringer Moos lässt sich herrlich auf einem Moorerlebnisweg erkunden. Man wandert durch lichte Kiefern-, Birken- und Fichtenwäldchen bis zum Aussichtsturm am Moosobservatorium. Für Gruppen gibt es Führungen. Dann fährt auch die Museumstorfbahn zum Moosbahnhof.

AUF EINEN BLICK

Dauer: 2 Std. **Höhenmeter:** 120 Hm

Länge: 19 km **Schwierigkeit:** Leicht

Ausgangs-/Endpunkt: Freilassing, Bahnhof – **GPS:** 47.836307, 12.976860

Anfahrt: Pkw: Von München auf der A 8 Richtung Salzburg, Ausfahrt Piding, weiter auf der B 20 nach Freilassing. Der Bahnhof ist ausgeschildert. Dort gibt es Parkplätze.
Bahn: Mit dem Zug über Rosenheim nach Freilassing

Tourencharakter: Kurze Strecke mit vielen Besichtigungsmöglichkeiten. Eine einzige längere Steigung führt auf den Ulrichshögl.

E-Bike-Ladestation: Unterwegs keine

Einkehr: In Ainring liegt das empfehlenswerte Gasthaus Hahnei Huaba und etwas später der Panorama-Gasthof Ulrichshögl im gleichnamigen Ort. In Freilassing am Ende der Tour besteht dann viel Auswahl.

Information: freilassing.de, lokwelt.freilassing.de, ainringer-moos.de

Durchblicke sorgen am Salzburger Domplatz für Überraschungen.

GRENZÜBERSCHREITEND GLÜCKLICH

Tour
TOUR 26
mit Kultur

Ab Freilassing nach Salzburg

Eine große sportliche Leistung bedeutet diese Radtour nicht, aber diesmal ist das Fahrrad nur Mittel zum Zweck, um Salzburg, die wunderschöne alte Stadt, bei einem Rundgang zu erleben. Ohne lästige Parkplatzsuche sind wir grenzenlos glücklich unterwegs.

Auf nach Österreich Wir starten in Freilassing am Salzburger Platz und fahren auf der Salzburger Straße zur Saalachbrücke. Es ist nur ein kurzes Stück auf der belebten Straße, gleich beginnt ein bequemer Radweg. Den Fluss überqueren wir auf der Mauerkrone des Saalach-Kraftwerks neben der Straßenbrücke. An diese Stelle werden wir am Ende unserer Radtour zurückkommen. Hier, in der Mitte des Flusses, verläuft die Grenze zwischen Österreich und Deutschland. Auf der österreichischen Seite der Saalach fahren wir unter der Straßenbrücke hindurch und dann auf dem Damm geradeaus durch den Auwald zunächst in nördlicher Richtung. Vorbei an der Red-Bull-Akademie erreichen wir die Stelle, an der sich Salzach und Saalach vereinigen.

Entlang der Salzach Jetzt folgen wir der Salzach und radeln an ihrem Ufer flussaufwärts in Richtung Salzburg. Wenn es im Sommer sehr heiß ist, ließe sich eine kurze Pause einlegen, um sich im Badesee von Herrenau abzukühlen. Nach der Abfrischung oder einer kurzen Rast geht es auf dem Dammweg weiter zur Autobahnbrücke. Hier überqueren wir auf dem Steg unter der Fahrbahn die Salzach. Auf der anderen Seite rollen wir wieder am Fluss entlang in Richtung Innenstadt. Bald führt der Weg unter der Bahn lang, und wir unternehmen in Höhe der nächsten Salzachbrücke, des Müllnerstegs, einen kurzen Abstecher nach links in den Mirabellgarten. Zusammen mit dem Schloss Mirabell gehört der Steg zu den absoluten Highlights eines Salzburger Stadtrundgangs. Millionenfach fotografiert ist der Blick über das Schloss und den Mirabellgarten auf die Altstadt von Salzburg mit der darüberthronenden Festung. Zurück am Salzachufer radeln wir noch ein Stück weiter in Richtung Innenstadt. Die Altstadt ist nicht sehr groß, ein Fahrrad ist bei einer Besichtigung eher hinderlich, als dass es nützt. Deshalb stellen wir unsere Räder an der nächsten Brücke, dem zierlichen Makartsteg, ab.

Die Stadt des jungen Mozart Der Rundgang ist natürlich nur ein Vorschlag. Selbstverständlich wird jeder auf seine eigene Art in Salzburg glücklich, man könnte hier ja gut und gerne eine ganze Woche verbringen. Auf diesem Weg erreichen wir jedoch viele wichtige Punkte der Barockstadt. Wir überqueren die Salzach auf dem Makartsteg. Der Name ehrt den 1840 in Salzburg geborenen Historienmaler Hans Makart, der in Wien Karriere machte und dort 1884 starb. Wir gehen über die beiden Straßen und schlüpfen in einen Häuserdurchgang, der uns in die berühmte Getreidegasse führt. Der Durchgang, auch Durchhaus genannt, ist typisch für die Salzburger Altstadt. Die Getreidegasse hat ein ganz eigenes Flair, das man in Ruhe auf sich wirken lassen sollte. In jedem der Häuser ist ein Geschäft, ein Café oder eine Gaststätte, die Angebote reichen vom Touristenkitsch über Trachten zum erlesenen Schmuck oder zur feinsten Mode. Wenn man genügend gebummelt hat, nimmt man wieder den Weg durch ein Durchhaus und gelangt auf den Universitätsplatz mit seinem Wochenmarkt vor dem Geburtshaus von Mozart.

Jedermann und viel Halleluja Ihm gegenüber steht die Kollegienkirche, die Universitätskirche von Salzburg. An internationalen Maßstäben gemessen ist sie

← **Mozarts Geburtshaus in der Getreidegasse**

↑ **Trubel am Kapitelplatz von Salzburg**

neben dem Dom der zweitwichtigste Kirchenbau der Stadt, ein Meisterwerk des Barockarchitekten Johann Bernhard Fischer von Erlach. Wir gehen durch den Torbogen auf der Churfürstenstraße entlang und biegen gleich darauf rechts in die Sigmund-Haffner-Gasse ein. So erreichen wir an der Franziskanerkirche die Franziskanergasse. Nach rechts geht es zum Großen Festspielhaus, an dessen unspektakulärem Eingang alljährlich zur Festspielzeit die Schaulustigen Spalier stehen, um die Prominenz aus aller Welt in Augenschein zu nehmen. Nach links geht es zum Domplatz mit der prächtigen Schaufassade des Salzburger Doms, auf dem, wiederum zur Festspielzeit, das Spiel vom »Sterben des reichen Mannes«, der »Jedermann«, aufgeführt wird. Das Drama von Hugo von Hofmannsthal erzählt von einem vermögenden »Jedermann«, der im Angesicht seines Todes feststellen muss, dass er von all seinen Freunden, sogar von seiner Lebensgefährtin, der »Buhlschaft«, verlassen wird. Selbst sein Reichtum nützt ihm in dieser Situation nichts mehr. Den Dom betritt man an der Schauseite und man steht staunend angesichts seiner Abmessungen und der gigantischen Raumwirkung des Barockbaus.

»Alles, was ich auch von schönen Gegenden gesehen habe, ist – nach meinem Gefühle – nur sehr wenig gegen Salzburgs himmlische Naturschönheiten.«

Wolfgang Amadeus Mozart

St. Peter und die Festung Nach dem Besuch im Dom werfen wir noch einen Blick auf den romantischen Petersfriedhof. Der Eingang liegt in der, vom Dom aus gesehen, rechten hinteren Ecke des Kapitelplatzes. Dieser älteste christliche Friedhof Salzburgs dient heute als eine Art Ehrenfriedhof für verdiente Bürger der Stadt. Einst war er die Begräbnisstätte des Klosters St. Peter, das Ende des 7. Jahrhunderts als eine Art Entwicklungszentrum von dem Missionar Rupert auf römischen Mauern gegründet wurde. Die heutige Stiftskirche St. Peter grenzt an den Friedhof an, sie stammt eigentlich aus dem 12. Jahrhundert. Ihre aufwendige barocke Dekoration erhielt sie erst später, aber die ursprüngliche romanische Bausubstanz ist bis heute deutlich zu erkennen. Wenn jetzt noch Zeit ist, lohnt eine Fahrt mit der Festungsbahn hinauf zur Festung Hohensalzburg. Der Felsrücken, auf dem die Burg steht, bot seit jeher einen hervorragenden Schutz für die Bevölkerung in unruhigen Zeiten. Kein Wunder, dass sich hier schon die Kelten niederließen. Seit dem 10. Jahrhundert dienten der Berg und seine Burg den Fürstbischöfen in Notzeiten und bei Kriegen als letzte Zuflucht. Ein Besuch der zum Teil luxuriös ausgestatteten Innenräume ist im Rahmen einer Führung möglich.

Abschied von Mozart und der Stadt Wieder unten in der Stadt schlendern wir über den Residenzplatz, bewundern den Residenzbrunnen, den größten Barockbrunnen Mitteleuropas, und werfen vielleicht einen Blick in das Salzburger Heimatwerk. Das ist eine Kultureinrichtung des Bundeslandes Salzburg, die sich ohne Profitstreben um die Erhaltung von Brauchtum, Kunsthandwerk, Volkstanz und Volksmusik kümmert. Gleich um die Ecke erinnert die Stadt mit einem repräsentativen Denkmal an ihren wohl größten Sohn, den Kom-

← Sommer an der Salzach in Salzburg
→ Fahrradfreundliches Salzburg

ponisten Wolfgang Amadeus Mozart, der 1756 in dem Haus am Universitätsplatz geboren wurde. Doch der nüchterne und überaus sparsame Fürstbischof Hieronymus Franz Graf Colloredo konnte und wollte das Genie Mozart nicht in Salzburg halten. Der Musikus wich nach Wien aus, wo er seine letzten zehn Lebensjahre verbrachte. Zum Abschluss unserer Stadtwanderung genehmigen wir uns vielleicht im ältesten Caféhaus Salzburgs, im Café Tomaselli, einen »Kleinen Braunen« oder einen »Einspänner« und wandern dann über den Alten Markt an der Salzach entlang zu unseren Rädern zurück.

Auf Südkurs Jetzt werden wir in großem Bogen südlich um die Altstadt herumgeleitet und lernen dabei Gebiete kennen, die auch im Hochsommer nicht von Touristen überlaufen sind. Zunächst bleiben wir der Salzach treu und radeln, egal auf welcher Uferseite, flussaufwärts. Nach gut zwei Kilometern kommen wir zum Überfuhrsteg. Wer auf der Mirabellseite geradelt ist, überquert hier die Salzach, um dann leicht nach rechts versetzt durch die Michael-Pacher-Straße und über die große Kreuzung direkt zum ausgedehnten Baukomplex der Salzburger Universität zu gelangen.

Noch mehr Schlösser Wir biegen links in die Hellbrunner Straße ab, die sich nach einer weiten Rechtskurve Hofhaymer Allee nennt, und fahren am privaten Wasserschloss Freisaal vorbei, das schon im 14. Jahrhundert den Salzburger Fürstbischöfen als Lusthaus diente. Nach der Fürstenallee radeln wir auf der Beethovenstraße weiter und folgen ihr nach rechts in den Hans-Donnersberg-Park. Auf einem Parkweg geht es hinauf zum pompösen Nonntal-Seniorenheim, das kurz vor der Wende zum 20. Jahrhundert im historisierenden Stil

← **Gasthaus und Biergarten Altes Zollhäusl in Freilassing**

↑ **Das Saalachkraftwerk bei Freilassing**

erbaut wurde. Wir rollen links um das Heim herum zur Leopoldskroner Allee, die uns nach links direkt zum Schloss Leopoldskron bringt. Der bayerische König Ludwig I. nutzte das Schloss, das zu Beginn des 18. Jahrhunderts als Sommersitz des Erzbischofs Firmian erbaut worden war, als Altersresidenz. 1918 kaufte es Max Reinhard, der Begründer der Salzburger Festspiele. Heute ist hier ein Hotel untergebracht.

Um den Flughafen Jetzt geht es auf der Firmianstraße am Freibad vorbei und weiter auf der König-Ludwig-Straße am Schlossweiher entlang und dann rechts in die Von-Nissen-Straße, die am freien Feld zum Josef-Moosbrucker-Weg wird. Wir erreichen die Moosstraße und fahren, knapp 100 Meter nach links versetzt, an der Volksschule vorbei über die Wiesen zum Glanbach. Dort geht es nach links, dann queren wir in einem Bogen die Anflugschneise des Salzburger Flughafens. Weiter am Glanbach entlang nehmen wir erst die dritte Brücke nach der Anflugschneise über das Flüsschen. Die Waldstraße bringt uns zur Laschenskystraße, geradeaus geht es auf dem kleinen Kapellenweg weiter nach Viehhausen. Im Ort halten wir uns links auf die Viehhauser Straße, nach der Autobahn weiter auf dem Grödiger Weg nach Wals-Siezenheim und, immer der Hauptstraße

↑ **Saalachsteg bei Grünau in Wals-Siezenheim**

folgend, schließlich zum Kirchplatz von Wals. Das kleine steile Sträßchen links bringt uns nach unten zur Grünauer Straße. Dieser ein kurzes Stück folgend geht es nach Grünau, wo wir in der Linkskurve geradeaus in den Höglweg runter zur Saalach einbiegen. Nach einem kurzen Stück links überqueren wir die Salzach auf der gedeckten Brücke, dem Grünauer Steg, und fahren von hier aus flussabwärts. Solange man sich in der Nähe der Saalach hält, lässt sich der Weg nicht verfehlen. Knapp sechs Kilometer später sind wir wieder in Freilassing.

Tipp

Im Salzburger Dom wirkt ein Priester, der am Hochaltar die Messe liest, geradezu winzig. 10 000 Menschen finden hier Platz. Dieser Gigantismus war beabsichtigt. Der Dom wurde zu Beginn des 17. Jahrhunderts zur Zeit der Gegenreformation erbaut – als reine Machtdemonstration.

AUF EINEN BLICK

Dauer: 3 Std. **Höhenmeter:** 80 Hm

Länge: 34 km **Schwierigkeit:** Leicht

Ausgangs-/Endpunkt: Freilassing, Salzburger Platz – **GPS:** 47.8409, 12.9829

Anfahrt: **Pkw:** Autobahn A 8 München–Salzburg, Ausfahrt Bad Reichenhall, über die B 20 nach Freilassing. Zahlreiche Parkmöglichkeiten, am einfachsten am Stadteingang in der Salzburger Straße. Der Salzburger Platz liegt am Übergang der Münchner Straße in die Salzburger Straße.
Bahn: Freilassing ist gut aus allen Richtungen erreichbar.

Tourencharakter: Rundtour in und um Salzburg meist auf Dammwegen, Radwegen und Stadtstraßen

E-Bike-Ladestation: ElectroDrive Salzburg am Rudolfskai, Nähe Mozartsteg

Einkehr: Zahlreiche Gaststätten aller Preisklassen in und um Salzburg. Für den Ausklang in Freilassing bietet sich der Biergarten beim Gasthaus Zollhäusl an.

Information: freilassing.de, salzburg.info

REGISTER

Am Hartsee

Ebenfalls erhältlich ...

ISBN 978-3-7343-2346-1

IMPRESSUM

Verantwortlich: Cornelius Traub
Redaktion und Lektorat: Britta Mentzel
Korrektorat: Simona Fois
Layout: Elke Mader
Umschlaggestaltung und Illustrationen: Eva Wünsch
Repro: LUDWIG:media
Kartografie: Bruckmann Verlag GmbH, Heidi Schmalfuß
Herstellung: Alexander Knoll
Printed in Slovenia by Florjancic

★★★★★

Sind Sie mit diesem Titel zufrieden? Dann würden wir uns über Ihre Weiterempfehlung freuen. Erzählen Sie es im Freundeskreis, berichten Sie Ihrem Buchhändler oder bewerten Sie bei Onlinekauf. Und wenn Sie Kritik, Korrekturen oder Aktualisierungen haben, freuen wir uns über Ihre Nachricht an Bruckmann Verlag, Postfach 40 02 09, D-80702 München oder per E-Mail an lektorat@verlagshaus.de.

Unser komplettes Programm finden Sie unter www.bruckmann.de

In diesem Buch wird aus Gründen der besseren Lesbarkeit das generische Maskulinum verwendet. Weibliche und anderweitige Geschlechteridentitäten werden dabei ausdrücklich mitgemeint, soweit es für die Aussage erforderlich ist.

Empfehlung der Redaktion
Sie sind auf der Suche nach weiterführender Literatur? Dann empfehlen wir Ihnen den Titel »Wochenend und Radelglück – Kleine Fahrrad-Auszeiten in Oberbayern« von Bernhard Irlinger. Oder Sie werfen einen Blick in die Zeitschrift BERGSTEIGER. Hier werden Sie bestimmt fündig.

Bildnachweis
Alle Fotos im Innenteil stammen von den Autoren, außer:
S. 102 unten: Camba Bavaria/Picture by Klaus Listl – Freezing Motions
S. 174 oben: Martin Siepmann

Die Deutsche Nationalbibliothek verzeichnet diese Publikation in der Deutschen Nationalbibliografie; detaillierte bibliografische Daten sind im Internet über http://dnb.d-nb.de abrufbar.

Infanteriestraße 11a
80797 München

ISBN 978-3-7343-2482-6